Luzia und Markus Baum

Alles falsch gemacht

Geständnisse zweier Rabeneltern

Den Opfern unserer lausigen Erziehung

Luzia und Markus Baum

Alles falsch gemacht

Geständnisse zweier Rabeneltern

Bibliografische Information
der Deutschen Nationalbibliothek:
Die Deutsche Nationalbibliothek verzeichnet diese Publikation in der Deutschen Nationalbibliografie; detaillierte bibliografische Daten sind im Internet abrufbar über http://dnb.dnb.de.

© 2024 Luzia und Markus Baum

Herstellung und Verlag:
BoD – Books on Demand, Norderstedt

ISBN: 978-3-75782-348-1

Inhaltsübersicht

Alles falsch gemacht　　　　　　　　　　　7

How dare you?　　　　　　　　　　　　　9

Was wir unseren Kindern verweigert
und vorenthalten haben　　　　　　　　　12

Was wir unseren Kindern zugemutet haben　62

Wir bereuen nichts!　　　　　　　　　　117

Der Rabe gehört zu den Vögeln, die, einmal gepaart, zeitlebens treu zusammenhalten. Die Jungen werden von beiden Eltern genügend versorgt; ihr Hunger aber scheint auch bei der reichlichsten Fütterung nicht gestillt zu werden, da sie fortwährend Nahrung heischen. Beide Eltern lieben die Brut außerordentlich. Unter günstigen Umständen verlassen die jungen Raben Ende Mai oder Anfang Juni den Horst, kehren aber noch längere Zeit zu demselben zurück. Dann werden sie von den Eltern auf Anger, Wiesen und Äcker geführt, hier noch gefüttert, gleichzeitig aber in allen Künsten und Vorteilen des Gewerbes unterrichtet. Erst gegen den Herbst hin macht sich das junge Volk selbständig.

Brehms Tierleben, Vögel. Band 17: Sperlingvögel

Das Sozialverhalten der Rabenvögel ist sehr ausgeprägt.

Wikipedia, Rabenvögel

Titelbild und Illustrationen: Saskia Klingelhöfer

Alles falsch gemacht

Es hat lange gedauert, bis wir einander (und den drei direkt betroffenen Exemplaren der Gattung Homo Sapiens) eingestanden haben, dass wir versagt haben. Total versagt in Sachen Kindererziehung und -Betreuung. Aber wir können nicht länger über unser katastrophales Fehlverhalten hinwegsehen. Wenn wir uns heute – in den frühen 2020er Jahren – in eine Erziehungszeitschrift oder einen pädagogischen Ratgeber vertiefen, digital oder analog, dann müsste uns eigentlich regelmäßig das schlechte Gewissen schlagen. Wenn eine(r) von uns in den Spiegel blickt, dann müssten wir eigentlich jedes Mal rot werden vor Scham. Seltsamerweise leiden aber weder Luzia noch Markus in dieser Frage unter Gewissensbissen.

Wir sind offensichtlich zwei total verbohrte Subjekte. Es wundert uns, dass die pädagogischen Hochschulen und die psychologischen Fakultäten noch nicht auf uns aufmerksam geworden sind. Denn chronisch unbelehrbare Eltern des überkommenen, hoffnungslos vorgestrigen Typs wie wir sind ja offensichtlich bestens geeignet für akademische Fallstudien – als seltene Exemplare einer aussterbenden Spezies.

So viele junge Mütter und Väter gehen in Sack und Asche und geißeln sich regelmäßig halböffentlich in den Chatgruppen der Republik für das, was sie bisher an ihren Sprösslingen versäumt haben. Das wäre uns in den vergangenen drei Jahrzehnten niemals in den Sinn gekommen. Never ever! Ganz im Gegenteil: Wir zwei sind vielleicht nicht stolz auf unsere jämmerlichen Bemühungen und Versuche, drei junge Menschen auf das Leben vorzubereiten. Aber wir würden uns auch niemals entschuldigen für das, was wir da im Try-and-Error-Verfahren so alles angestellt haben. Und es würde uns auch nie in den Sinn kommen zu bedauern, was wir unseren Kindern so alles verweigert und vorenthalten haben. Rabeneltern wie wir ticken nun einmal so.

Trotzdem können unsere verqueren Vorstellungen und Überzeugungen vielleicht einen bescheidenen Nutzen haben für die aktuellen und kommenden Generationen von Eltern. So halten wir es durchaus für möglich, dass sich einzelne Mütter und Väter schaudernd mit unseren Erziehungsirrtümern auseinandersetzen. Und dass sie dadurch davor bewahrt werden, in dieselben Fallen zu tappen, die wir oft in voller Absicht angesteuert haben – aus purem, für Rabeneltern offenbar typischem Trotz.

Unsere Fehlgriffe muss niemand nachahmen; unsere vorgestrigen Ideen fußen ja auch nur auf den Einsichten und Errungenschaften von Leuten wie Johann Heinrich Pestalozzi, Friedrich Fröbel, Maria Montessori und anderen Altvorderen. Und was will man schon erwarten von Leuten, die als Kinder selbst noch mit der schwarzen Pädagogik des "Struwwelpeter" traktiert worden sind und deren Phantasie von den gewalttätigen Märchen der Gebrüder Grimm verbogen wurde? Also kann dieses Büchlein eigentlich nur zu einem dienen, nämlich zur Abschreckung. Zur grellbunten und doppelt unterstrichenen Warnung: Nicht nachmachen!

How dare you?

Jung gefreit, nie gereut – schon das ist ja nach allen Gesetzen der Statistik extrem ungewöhnlich. Wir haben einander nicht gesucht, aber gefunden in der aus heutiger Sicht archaischen Ära der mittleren 1980er Jahre. „Es hat Zoom gemacht," da waren wir beide Mitte 20, jeweils gerade mit der Ausbildung fertig, die eine Buchhändlerin, der andere Redakteur mit einem Arbeitsvertrag bei einem in Mittelhessen ansässigen, etwas exotischen Medienhaus in der Tasche und sonst nicht viel. Aber wir liebten uns, und Studieren war aus verschiedenen Gründen keine Option, für keine(n) von uns. Also worauf warten? Rein ins Abenteuer Familiengründung. Das unterscheidet uns nicht von Millionen anderer Paare damals und heute.

Wie konnten wir es wagen? Wir waren zumindest eines: idealistisch. Finanziell waren zwar keine großen Sprünge drin, aber zumindest die Miet- und Wohnkosten waren (noch) im Rahmen. Und so, wie Raben bei der Partnersuche nicht vorrangig an den Bruterfolg denken, haben auch wir uns nicht allzu viel Kopfzerbrechen darüber gemacht, wie das wohl mit dem Nachwuchs sein würde.

Wir haben keine körperlose Beziehung gepflegt, von daher war die Kinderüberraschung, als sie sich einstellte, nicht wirklich groß. Die Rollenverteilung ergab sich fast von allein aufgrund gesellschaftlicher Tatsachen: Vereinbarkeit von Familie und Beruf war Ende der 1980er noch nicht wirklich ein Thema. Das ist heute anders, da sind die jungen Mütter und Väter unserer Tage durchaus zu beneiden angesichts von Errungenschaften wie Elterngeld und Elternzeit – von so etwas haben wir seinerzeit vielleicht mal kühn geträumt, aber es war noch ganz weit weg. Genau wie die Verwandtschaft, die lebte nämlich 200 bzw. 300 km weit entfernt. Auf das regionaltypische Erziehungsmodell „Papa ist auf Arbeit, Mama ist auf Arbeit, Oma kümmert sich um die Enkel" konnten wir also nicht zugreifen.

Die Bezahlung im Einzelhandel, also auch im Buchhandel, war bescheiden, ein baldiger Wiedereinstieg in den Job in Teilzeit – mehr wäre anfangs sowieso nicht gegangen – hätte nach Abzug aller Kosten monatlich gerade mal 150-200 Taler mehr in die Familienkasse gebracht. No Deal. Also hat sich die Rabenmutter auf den Nachwuchs konzentriert, hat den Haushalt gemanagt, das lokale Netzwerk geknüpft und gepflegt, sich in Kirche und Sportverein, später in Kindergarten- und Schulelternbeiräten engagiert. Unterbeschäftigt, gar arbeitslos, war sie nie.

Der Rabenvater hat die Kohle herbeigeschafft. Eine wachsende Jungvögelschar will versorgt sein – die drei Kinder sind jeweils im Abstand von ziemlich genau zwei Jahren geboren; das war so nicht geplant und vorher durchkalkuliert, aber erwünscht und willkommen waren sie allemal.

Der Anteil des Rabenvaters an Aufzucht und Pflege der lieben Kleinen war begrenzt; beruflich war er zeitweise extrem gefordert, konnte das auch nur schaffen, weil die innerfamiliäre Arbeitsteilung so war, wie sie war. Das Regiment in der Küche hat die Rabenmutter, einmal erobert, nicht wieder abgegeben. Bei anderen Aufgaben kam er eher zum Zug: Besorgungen, Großeinkäufe, Einschlafrituale, Bastelarbeiten und Reparaturen, Ausflüge...

Würden wir die Rollen heute genauso aufteilen? Garantiert nicht. Die Verhältnisse haben sich zum

Teil dramatisch geändert. Junge Familien heute haben ganz andere Möglichkeiten, sehen sich zum Teil aber auch vor ganz anders geartete Herausforderungen gestellt. Frauen und Männer sehen sich heute auch ganz anderen, aber zumindest vergleichbar hohen, oft unerfüllbaren Erwartungen ausgesetzt. Insofern können unsere Erfahrungen vielleicht doch der einen oder dem anderen helfen, sich zu entspannen und bestimmte Dinge etwas leichter zu nehmen. Das wäre dann tatsächlich ein Nutzen und eine Abwechslung zum Schaudern und Gruseln angesichts unserer nur manchmal tastenden, oft forschen und unbekümmerten Herangehensweise an Fragen der Erziehung, Aufzucht und Pflege unseres Nachwuchses.

Zur Einteilung dieses unseres Rechenschaftsberichtes ist uns nichts Besseres eingefallen, als grob zu sortieren und zu unterscheiden: Was haben wir unterlassen, verboten, wovon haben wir unsere Jungvögel ferngehalten? Und womit haben wir sie erbarmungslos traktiert, was meinten wir ihnen zumuten zu müssen, was anderer Kinder Eltern eher sparsam dosieren oder sich gleich ganz schenken?

Die Anordnung ist anfechtbar; wir Rabeneltern sind keine Systematiker, sondern Lebenskünstler. Also bitte nicht überrascht sein, dass der eine oder andere Punkt in beiden Abschnitten zur Sprache kommt. Uns ist bewusst: Andere würden selbst das ganz anders machen, ihnen wäre manches schnuppe, manch anderes viel wichtiger als uns.

Was haben wir unseren Kindern verweigert und vorenthalten?

"Ich bin der Geist, der stets verneint," lässt Johann Wolfgang von Goethe im *Faust* den Mephisto sagen. Beziehungsweise ließ – der *Faust* entstand ja bereits vor mehr als 220 Jahren. Würde Goethe heute noch leben, er würde *uns beiden* ein literarisches Denkmal setzen, denn stets verneinen – das konnten wir gut und beherrschen wir bis heute. In dieser Disziplin sind Rabeneltern wie wir einsame Spitze!

Lang ist die Liste all dessen, was wir konsequent abgelehnt haben, was für unsere Kinder nie in Frage kam (aus ganz unterschiedlichen Gründen), was sie schmerzlich entbehrt haben (oder seltsamerweise auch nicht), was nicht in die Tüte kam und folglich auch nicht ins Haus.

Im Folgenden ein paar Beispiele, wahllos herausgegriffen aus der "Geht nicht – und gibt's auch nicht, unter gar keinen Umständen"-Liste der verweigerten Wohltaten und Segnungen. Und zwar in zeitlicher Reihenfolge, angefangen zwar nicht schon in der Geburtsklinik, aber kurz danach.

Keine Krabbeldecken-Babykonzerte

Ok, ok – wir geben zu: Es ist schon eine großartige Geschäftsidee, den Winzlingen bereits ganz früh in ihrem Leben die hehre klassische Musik nahezubringen. Aber mal ganz im Ernst: Mozartstreichquartette garniert mit dem Odeur von vollgesabberten Nuckeltüchern und fünfzehn gut gefüllten Windeln? Und dafür auch noch 20 bis 35 Taler auf den Tisch legen? Dann doch lieber an die frische Luft und auf den Spielplatz und die harmonisch-säuselnde Musik (man will die lieben Kleinen ja nicht mit der rohen Urgewalt klassischer Orchesterwerke verstören) per Bluetooth-Lautsprecher vom Smartphone holen. Blauzahn und derart schlaue Telefone gab es in der Frühphase unserer Experimentalzeit noch nicht, aber frische Luft war damals schon verfügbar – und zwar gratis. Und Junge-Eltern-Austauschrunden mit den Zwergen auf der Krabbeldecke sind auch schon ein alter Hut. Aber eben ohne die Gesellschaft darbender Tonkünstler. Deren Bedürfnis nach existenzsichernden Einkünften in allen Ehren – aber Krabbeldecken-Babykonzerte sind aus Rabenelternsicht Ausdruck schierer Dekadenz.

Kein Kangorooing

Oups – das wird jetzt schmerzhaft: Wir haben unsere Brut herzinnigst geliebt, haben sie an der Mutter- oder Vaterbrust geborgen und immer wieder auch auf Papas oder Mamas Bauch gelegt. Mit Herzklopfen als Unterhaltungsprogramm für die kleinen Würmchen. Und so lange die Lütten noch zu lütt waren, um den schweren Schädel – das am besten verpackte Körperteil an so einem kleinen Menschen – selbst stabil und aufrecht zu halten, haben wir das Köpfchen immer schön gestützt. Ganz ohne Tragetuch! Wir hielten es für falschen Ehrgeiz, dass man Kleinstkinder ständig an den eigenen Leib geschnallt herumtragen sollte. Und dabei auch noch die Hände frei haben, um anderen, produktiveren Aufgaben nachzukommen. Das muss zwar gelegentlich auch sein. Aber dafür gibt es eine seit Generationen bewährte, rückenschonende Erfindung: das Laufgitter. Funktioniert schon – gut gepolstert – wenn von Laufen noch keine Rede sein kann.

Synonym wird auch der Begriff Laufstall verwendet, das klingt freilich selbst in Rabenelternohren nach Freiheitsberaubung. Wir sind uns bewusst, dass andere Eltern ihre Kleinst- und Krabbelkinder lieber mental fesseln (vor dem Fernseh- oder Computerbildschirm nämlich). Aber das kam für uns nicht in Frage. Körperliche Nähe ist zweifellos durch nichts zu ersetzen, Rabenelternjunge bekommen ordentlich davon ab. Aber aus unerfindlichen Gründen scheinen sie zwischendurch auch mal ganz froh zu sein, wenn sie sich einfach nur mit sich selbst beschäftigen können – am Daumen nuckeln oder am Zeh, das Räppelchen aktivieren oder mit großen Augen die Umwelt erkunden, solange die Ärmchen noch zu kurz sind, um erfolgreich nach all den interessanten Sachen zu greifen. Und das geht eng verschnürt und zwar gut geborgen, aber durch einen Ballen Tuch bewegungsunfähig gemacht und an den Busen der mütterlichen oder väterlichen Natur gedrückt eher schwierig, wenn überhaupt.

Nun wird das Kangorooing seit Jahrtausenden in bestimmten Kulturen ausgiebig betrieben, auch ohne dass die Menschen dort je ein Känguru zu Gesicht bekommen. Aber unseren Recherchen zufolge ist das nicht Ausdruck einer tiefen inneren Überzeugung oder gar profunden Wissens über die Bedeutung von inniger körperlicher Nähe für Kleinstkinder, sondern es ist schlicht pragmatisch. Der Zwerg im Tragetuch kann nicht ausbüxen, das würde auffallen. Sofern das Tragetuch an der Mutter hängt, ist die Nahrungsquelle auch immer in Reichweite. Aber irgendwann ist jedes Kind abgestillt, und die lieben Kleinen werden größer und schwerer. Und irgendwann wird es auch dem geduldigsten Känguru zu dumm. Und es muss sich Gedanken machen über die Anschlussverwendung der typischerweise 4,60 bis 5,10 m langen Stoffbahn.

Solche Probleme haben Rabeneltern nicht. Apropos Stoffbahn: Schon beim Erwerb der Tragetücher kann man – wie wir als notorische Kangorooing-Verweigerer in Erfahrung gebracht haben – unfassbar viel falsch machen. Nicht hautsympathisch genug, ökologisch bedenklich, nicht wirklich bio… – der Fallstricke gibt es viele. All dem sind wir elegant ausgewichen.

Keine Babymassage

Wie konnte die Menschheit all die Jahrtausende ohne systemisch-ganzheitliche Babymassagen auskommen? Entsprechende Kenntnisse kann man sich heutzutage gegen gutes Geld aneignen, zwei bis drei Tagesseminare zu jeweils ca. 150-200 Talern. Kann man aus Rabenelternsicht aber auch bleiben lassen.

Babymassage stammt, wenn Wikipedia nicht wie gedruckt lügt, möglicherweise aus Indien (gehört dort in den Ayurveda-Kosmos), ist angeblich von dem französischen Gynäkologen Frédérick Leboyer in den 1970er Jahren in Europa eingeführt worden (weil es in zweihundert Jahren britischer Kolonialherrschaft über den indischen Subkontinent ja nicht eine einzige indische Amme oder Nanny für den Nachwuchs der britischen Offiziere und ihrer Gattinnen gab).

Wir halten das für interessengesteuerte Mythenbildung. Es erscheint uns zwar nicht ausgeschlossen, sondern sehr wahrscheinlich, dass indische Eltern ihre neugeborenen Kinder extrem liebevoll und aufmerksam behandeln und ihnen auch wohltuende Streicheleinheiten angedeihen lassen, auch und vor allem, wenn den Kleinen irgendetwas quer liegt, wenn sie etwas quält oder wenn sie zwar satt, aber trotzdem nicht happy sind. Aber in unserer Rabenelternoptik trifft das auch auf die Eltern aller möglichen anderen Völkerschaften zu. Denn was wird uns alles unter dem Begriff Babymassage angedient: Banalitäten wie die Aussage „Bereits Neugeborene freuen sich über intensive Berührungen" – oder die niederschmetternde Erkenntnis, dass „manche Kinder [...] an einigen Tagen nicht in Streichelstimmung" sind; die Versicherung, dass Babymassage natürlich „keine therapeutische Heilmassage ist" und das Eingeständnis, dass es dabei „weder um die Durchblutungsförderung noch um die Tiefenerwärmung der Muskulatur oder gar um Druckpunktmassagen" geht. Sondern in Wirklichkeit eben nur um Streicheleinheiten.

Aber was heißt nur: Wir wussten es als junge Rabeneltern irgendwie ganz intuitiv, haben es fast auf spielerische Weise gelernt, dass die lieben Kleinen gern getragen oder geschaukelt werden, dass sie auch gern mal bäuchlings auf Mamas oder Papas starker Hand liegend den Flieger (oder die Fliegerin) machen. Wir hätten es uns auch nicht verbieten lassen, die zarte Babyhaut sanft mit in der Handfläche vorgewärmten Öl zu bearbeiten. Das Kind, wenn es sich offensichtlich wohlfühlt (und nur dann), auch mal durchzuknuddeln. Streicheln und sich von den kleinen Händchen auch selbst berühren und erkunden lassen. Denn auch Rabeneltern mögen Nähe und innige Umarmungen und entwickeln Glücksgefühle, wenn das kleine Wesen in seiner Neugier und Begeisterung merkt, dass es selbst ja auch streicheln und knuffen und mit seinen Fingern und Zehen Dinge und Lebewesen berühren kann.

Dass es von Blähungen geplagten Kleinstkindern hilft, wenn man das Bäuchlein streichelt, ist eine Binsenweisheit und hierzulande nicht erst seit Leboyer bekannt, sondern seit Menschengedenken. Mit dieser Ansicht machen wir uns bestimmt nicht beliebt. Aber es ist die Wahrheit – die reine Wahrheit, und nichts als die Wahrheit.

Kein Babyschwimmen

Nein, wir haben mit unseren Kindern kein Babyschwimmen praktiziert. Nicht, dass wir uns nicht getraut hätten. Das Angebot gab es durchaus – und geeignete Schwimmbäder (Mehrzahl) in Reichweite. Zweifellos haben viele Kleinst- und Kleinkinder bereits in der Fruchtblase das Frühschwimmerdiplom erworben und fühlen sich im nassen Milieu (sofern es warm genug ist) mindestens ebenso wohl wie auf dem Trockenen. Genauso unstrittig ist, dass die Grob- und Feinmotorik von Kindern von der ersten Lebenswoche an beobachtet, trainiert, entwickelt werden muss. Babyschwimmen ist sicher nicht die dümmste Methode, um Kindern mit Spaß an Bewegung genau diesen Spaß zu ermöglichen – und ihnen zugleich die Scheu vor Wasser zu nehmen, bevor sie so richtig entstehen kann. Aber das geht auch planschenderweise in der wohltemperierten Badewanne oder im Sommer im Waschzuber auf dem Balkon oder im Garten.

In gewisser Weise ist es aus Rabenelternsicht mit dem Babyschwimmen wie mit einem Verbrechen: Man braucht dafür 1. ein Motiv – und 2. eine Gelegenheit. Das Motiv ist nicht das Problem, und die Idee, dass Kinder ja schon mal tauchen konnten und sich im flüssigen Medium eigentlich zurechtfinden müssten, ist auch gar nicht so verkehrt. Aber nicht jede Mutter, nicht jeder Vater hat die Chance, zu den entsprechenden Kurszeiten mit dem eigenen Kind ins Schwimmbad zu gehen. Soviel zum Stichwort Gelegenheit. Außerdem gibt es jede Menge Dinge, die demselben Zweck dienen, dasselbe Motiv verfolgen. Aber eben im Trockenen, an der frischen Luft oder auch im warmen Zuhause.

Richtig Schwimmen kann man das ja nicht ernsthaft nennen, was so ein Baby da im besten Fall, unter Anleitung und penibler Aufsicht und stützender Hand unter dem Bauch veranstaltet: Wassertreten wie ein Hündchen. Babyschwimmen ersetzt auch keinen Schwimmkurs, leider nicht – und garantiert nicht. Ist insofern „nice to have", aber kein Muss. Ganz zu schweigen von Horrorgeschichten, die übers Babyschwimmen eben auch kursieren: Mittelohrentzündungen und andere Infekte, die man sich im Schwimmbecken eingefangen hat. Oder Stories von Babies, bei denen der Atemschutzreflex eben doch nicht funktioniert hat und die beim Eintauchen ordentlich Wasser geschluckt haben – mit windelwirksamen Spätfolgen.

Wir Rabeneltern haben ohnehin einen anderen Plan verfolgt. Denn dass unsere Sprösslinge eines Tages schwimmen lernen sollten, das war ausgemacht. Darüber gab es auch keine Diskussion, da ist unsereins diktatorisch. Was sollen wir erzählen: Alle drei unserer Kinder sind ganz ohne Babyschwimmerfahrung ausgesprochene Wasserratten geworden. Das ist eine andere Geschichte, und die gehört bei anderer Gelegenheit erzählt.

Keine industriell gefertigte Säuglingsnahrung

Unsere Erstgeborene stellte uns vor eine existenzielle Herausforderung: Sie hatte einen gesunden Appetit. Da fragen sich besorgte Rabeneltern: Bekommt das Kind auch ja genug? Also hat die Rabenmutter – parallel zum Stillen – auch schon mal experimentiert und sich vor allem kundig gemacht. Was es da nicht alles gibt: Folgemilch ab dem 4., ab dem 6., ab dem 10. Monat; Beikost bereits zu einem Zeitpunkt, wo das Kleinstkind am liebsten pausenlos an der Mutterbrust nuckeln würde. Und worauf man da nicht alles achten muss: Ist Muttermilch eigentlich frei von Zuckerzusätzen? Kann sie Spuren von Hühnereiweiß, Nüssen oder Gluten enthalten? Und wenn ja, ist auch dagegen ein Kraut gewachsen? Gibt es das hypoallergene Irgendwas gar in der vorteilhaften Vorratspackung? Milupa, Humana, Nestlé, Aptamil, Töpfer, Alete, Hipp – ein ganzer Industriezweig kümmert sich rührend um die Bedürfnisse von Mutter und Kind. Wohlgemerkt um tatsächliche – und um künstlich erzeugte Bedürfnisse.

Bei der Familiengründung ausgangs der 1980er Jahre waren wir Rabeneltern bereits sensibilisiert dafür, dass Muttermilchersatzprodukte vor allem auf der südlichen Erdhalbkugel eher Probleme erzeugt als gelöst haben. Nestlé & Co. hatten nach einigen krachend verlorenen Gerichtsverfahren reumütig einräumen müssen, dass Stillen nicht schädlich, sondern normalerweise das Beste ist, was einem Säugling passieren kann. Außerdem waren wir als junge Eltern ebenso glücklich wie chronisch klamm und haben rasch erkannt: industriell gefertigte Babynahrung ist auf Dauer unbezahlbar. Und es kam für uns überhaupt nicht ins Fläschchen, dass ein Viertel des

Familienbudgets für Zusatz- und Ersatznahrung draufgeht. Von den ganzen Babynahrungsfabrikanten hat allenfalls Claus Hipp gelegentlich ein paar Pfennige an uns verdient mit ein bisschen Fruchtpüree als Beikost.

Ansonsten gab es für unseren Nachwuchs durchaus alles, was gut ist – gern auch das, was aus dem Garten kommt und/oder in der freien Natur wächst. Angefangen bei nahrhaftem Hafer – verarbeitet zu zart schmelzenden Flocken und danach zu ziemlich geschmackfreiem Brei gekocht. Wir verabscheuen Gewalt, aber zerdrückte/geschlagene Banane machte den Haferpaps genießbar und reicherte ihn zudem an mit Kalium, Magnesium und dem Vitamin B6 – unsere Kinder liebten es. Es hatte sich auch schon herumgesprochen, dass man zahnende Säuglinge nicht an gesüßten Tees nuckeln lässt.

Apropos Nuckeln: Von einzelnen Ratschlägen unserer in Kindererziehungsfragen zweifellos kampferprobten Großmütter haben wir lieber Abstand genommen. Der Oberkracher: etwaigen "Schreikindern" als Schnuller-Ersatz ein mit Mohnsamen befülltes Stoffsäckchen geben – diesen aberwitzigen Vorschlag erwähnen wir nur deshalb, weil er toxikologisch und drogenpolitisch betrachtet hochbrisant und derart schräg ist, dass er morgen oder übermorgen bestimmt von einem hippen Influencer oder einer ebensolchen Influencerin gehypt und als bahnbrechende Wiederentdeckung uralten, verschütteten Wissens unserer Ahnen verkauft wird. Da lassen wir Rabeneltern uns lieber vorwerfen, wir seien rückständig und es sei verantwortungslos, dass wir unserer Brut so kurz nach dem Schlüpfen diese existenzielle Erfahrung verweigert haben. Mohnsamen gab's bei uns nur in geringsten Mengen auf dem entsprechenden Brötchen oder im Kaffeestückchen – und das auch erst bei entsprechendem Reifegrad unserer Kinder. Und das direkt gekoppelt mit Zahnpflegemaßnahmen, denn Mohnsamen haben die lästige Angewohnheit, dass sie sich in die kleinste Milchzahnlücke setzen und dort hartnäckig verweilen wollen. Das hat unserem Nachwuchs den Spaß am frühkindlichen Mohnrausch vollends verdorben.

Kein Prager Eltern-Kind-Programm

Kaum zu glauben, dass diese Bewegung komplett an uns vorbei gegangen ist. Denn PEKiP-Gruppen und -PEKiP-Lehrgänge gab es in den 1980ern im Westen Deutschlands bereits flächendeckend, nach Wende und Wiedervereinigung kamen noch einige hundert Gruppenleiter und vor allem -Leiterinnen in den östlichen Bundesländern dazu. Das "gruppenpädagogische Konzept für Eltern mit ihren Kindern im ersten Lebensjahr" greift ab der 4.-6. Lebenswoche und sorgt mit dafür, dass schon die Kleinsten einen Terminplaner benötigen. Die Spiel- und Bewegungsanregungen des tschechischen Psychologen Jaroslav Koch sind in den 1970er Jahren populär geworden. Die große Verheißung der "aktivierenden Lernform" lautet, dass "das Baby mit seinen Kompetenzen und Bedürfnissen das Spielangebot bestimmt." Der "Aufbau der positiven Beziehung zwischen Eltern und Kind" soll durch "gemeinsames Erleben von Bewegung, Spiel und Freude" unterstützt werden. Das alles wird angeblich ermöglicht durch PEKiP – Umkehrschluss: Ohne dass Eltern & Kind an diesem Programm teilnehmen, ist es ganz und gar ausgeschlossen, dass sie Bewegung, Spiel und Freude gemeinsam erleben, und mit der positiven Beziehung zwischen Eltern und Kind ist es dann auch Essig.

Komisch nur, dass wir Rabeneltern die erstaunlichen Kompetenzen unserer wenige Wochen alten Sprösslinge auch ohne PEKiP-Kurs festgestellt haben; außerdem ist es der Rabenmutter auch ohne vereinsmäßigen Überbau gelungen, rasch ein Netzwerk mit anderen jungen Müttern zu knüpfen. Unser unmaßgeblicher Eindruck (der natürlich grundverkehrt sein kann) ist: Wo sich Eltern intensiv mit ihren kaum ins

Leben getretenen Kindern auseinandersetzen und wo sie (die Eltern) einigermaßen normal drauf sind – empathisch, liebesfähig und selbst liebesbedürftig –, da stellt sich all das fast von selbst ein, was das Prager Eltern-Kind-Programm für die organisierte Begegnung verspricht. Ganz ohne bzw. außerhalb von PEKiP. Da wird jeder noch so kleine Erfolg der Zwerge gefeiert. Da wird jeder Entwicklungsschritt fotografisch oder im Tagebuch festgehalten. Da werden Kleinstkinder auch schon recht früh mit ihresgleichen konfrontiert (ob ihnen das behagt oder anfangs unheimlich ist – sie sollen ja zu sozialen Wesen heranwachsen). Da entstehen doch tatsächlich innige und belastbare Beziehungen. Da lernt man einander *gut leiden* (ein Musterbeispiel für "Double Talk" in der deutschen Sprache, denn es bedeutet ja gleichermaßen *lieben* und *ertragen*).

Bestimmt sind viele junge Familien dankbar für ein lokales PEKiP-Angebot, bestimmt kommt das vor allem den Bedürfnissen gestresster und ehrgeiziger und zugleich strukturbedürftiger junger Mütter und Väter entgegen, denn die wollen ja alle nur das Beste für ihr Kind. Auf dieselben Bedürfnisse zielen freilich auch die Angebote vieler Kirchengemeinden, Stadtteilbüros und Vereine; und wo die nicht passgenau sind, verabreden sich junge Eltern auch schon mal ganz spontan und bilden nur für den Moment eine Krabbelgruppe oder einen "Schäfchentreff" oder etwas dergleichen. Wiederholung nicht von vornherein ausgeschlossen, aber eben auch nicht schon zementiert und abgemacht.

Diese Herangehensweise mag zugegeben etwas anarchisch wirken. Aber uns Rabeneltern entspricht das eher; so haben wir es selbst gemacht. Wir haben darin nicht unseren Daseinszweck gefunden, wir würden dafür (anders als der Verein PEKiP) auch keinen Markenschutz beanspruchen. Und wir verbuchen das alles auch nicht unter dem Etikett Frühförderung. Säugling bzw. Kleinkind sein ist ja keine therapiebedürftige Krankheit, sondern ein denkbar kurzer, ausgesprochen spannender und an Ereignissen reicher Lebensabschnitt. Da stehen das Staunen und Entdecken und die Begeisterung und der Spaß am Spiel im Vordergrund. Der Ernst des Lebens ereilt die Kinder dieser Welt früh genug. Meinen wir und machen uns damit vollends unmöglich, aber ist der Ruf erst ruiniert, lebt sich's völlig ungeniert.

Keine Hochsicherheitsschleuse vor heißen Herdplatten und anderen Küchengeräten, kein Wegräumen von elektronischem Hightech-Equipment

Es ist ja wahr: Die meisten Unfälle passieren im Haushalt. Und die meisten kleinen Kinder sind ausgesprochen talentiert darin, sich selbst in Gefahr zu bringen. Oder auch andere. Oder auch Anderes. Empfindliche Gerätschaften. Teure, zerbrechliche Gegenstände. Aber was folgt daraus? Sollen wir denn unsere Kinder vor jeder schmerzhaften Erfahrung bewahren? Geht das überhaupt? Um welchen Preis? Solche Fragen haben sich auch Rabeneltern, wie wir welche sind, gestellt. Und eine unserer Antworten lautete: Nein, wir stellen nicht unsere Lebensweise komplett um, nur weil sich unser Haushalt inzwischen um eine naseweise kletterfreudige kleine Erdenbürgerin erweitert hat. Die HiFi-Anlage bleibt im (offenen) Wohnzimmer, wird nicht hochgestellt. Dasselbe Prinzip in der Küche: auf Herdplatten wird nun mal gekocht, und aus dem Wasserhahn kommt auch heißes Wasser.

Was wir wohl gemacht haben: Die Schubladen haben wir gegen unbefugtes Herausziehen gesichert – und die Steckdosen gegen Stocherversuche aller Art. Denn einem Krabbelkind kann man nun mal nur schwer die Wirkung von 240 V Wechselstrom klar machen, und der Besteckkasten mit all den spitzen und scharfen Gegenständen musste den Zwergen weder auf den Kopf fallen, noch wollten wir sie in Versuchung führen, darin zu kramen.

Ansonsten war es für uns selbstverständlich, dass ein Klein(st)kind nie ohne Aufsicht bleibt. Und dass es besser früher als später begreift, was das Wort

"Nein!" bedeutet. Nämlich: Nicht an der teuren Elektronik herumspielen. Nicht die interessant geformten Tasten drücken. Nicht auf die Herdplatte fassen. Das Messer liegenlassen und die Schere ebenfalls. Klare Ansagen – von klein auf. Bestimmt vorgebracht, nicht in bettelnd-klagendem Tonfall. Und strikt durchgehalten und nicht gleich wieder relativiert. Und dann immer auch erklärt.

All das hat nicht verhindern können, dass sich auch unsere Rabenelternjungen gelegentlich eine blutige Nase geholt, in den Finger geschnitten, die Pfoten verbrannt oder sonstige schmerzhafte Kontakte mit der Wirklichkeit geschlossen haben. Es ging auch mal etwas zu Bruch oder wurde demoliert, manchmal aus schierer Neugier, oft unabsichtlich, aus Versehen eben, manchmal aber auch mit voller Absicht. Und dann war es gut, wenn das „Nein!" bereits vorher im Raum stand – dann mussten wir nicht lamentieren um das schöne oder hässliche zerstörte Stück, dann konnten wir direkt die Folgelektion „Warum nicht?" vertiefen. Die gehört zwingend dazu; das strikte „Nein!" allein ist auf Dauer zu wenig.

Zu unserer rabenelterlichen Überraschung sind viele Eltern erstaunlich inkonsequent, was diese Seite des Umgangs mit ihrem Nachwuchs betrifft. Wir zwei waren uns jedenfalls einig: unsere Kinder sind uns so wichtig, dass wir ihnen vieles erlauben – aber uns auf der Nase herumtanzen, das geht nicht. Wir haben auch nie den Altersabstand und den Erfahrungsvorsprung zwischen unseren Sprösslingen und uns selbst ausgeblendet. Als Rabeneltern können wir beste Freunde unserer Kinder sein – aber wir bleiben Eltern, wir tragen Verantwortung, die sie noch nicht tragen und zumeist noch nicht einmal sehen und verstehen können. Und deshalb war uns klar: Das müssen wir nicht nur vertreten, das müssen wir auch durchsetzen.

Deshalb, wo es geboten ist, auch einmal das deutliche „Nein!" Wobei das strikte Verbot nur in einem Teil der Fälle zu verstehen ist als „Nie und nimmer, grundsätzlich nicht." Oft genug aber auch als „Noch nicht, noch lange nicht." Und oft eben auch als „Nicht jetzt und nicht hier, unter anderen Umständen möglicherweise schon. Und dann können wir neu verhandeln."

Glücklicherweise ist das Leben ja nicht nur reich an Gefahrenquellen, sondern noch viel reicher an harmlosen und trotzdem interessanten Dingen. Und die heute noch gefährlichen Angelegenheiten kann das Kind vielleicht jetzt noch nicht überblicken oder beherrschen, später aber irgendwann schon – mit entsprechend gewachsener Einsicht, Körperbeherrschung, erweiterten Kenntnissen und Fertigkeiten.

Zum Rabenelternethos gehört unaufgebbar: Wir wollten unsere Kinder zu einem freiheitlichen, selbstbestimmten Dasein heranziehen. Das hält immer auch Herausforderungen bereit. Kinder sollen schon auch Mut entwickeln, sollen lernen, Risiken abzuwägen – und wo es gefordert ist, auch kalkulierte Risiken einzugehen. Denn wer nie etwas wagt, hat auch nichts zu gewinnen. Das klare „Nein!" der Eltern, der Gesellschaft und/oder des Gesetzgebers respektieren, anderer Leute Grenzen nicht verletzen, dabei die eigenen Grenzen ausloten und gerne auch einmal probieren, diese Grenzen (nur diese) zu überschreiten und über sich selbst hinaus zu wachsen: So wird ein Schuh daraus – genau genommen ein Paar Schuhe. Und diese Schuhfabrikation fängt genau betrachtet schon bei den Kleinsten an.

Aber das können natürlich nur Rabeneltern so sehen. Andere, menschlichere Eltern lassen sich lieber von ihren vergötterten kleinen Prinzen und/oder Prinzessinnen terrorisieren, entschuldigen alles und verbieten ihnen lieber nichts, setzen keine Grenzen, oder wenn doch, dann erklären sie sie nicht, ganz davon zu schweigen, dass sie keine Sanktionen verhängen. Da sträuben sich uns die Federn, und wir könnten uns seitenweise auslassen über die bitteren Folgen solcher Erziehungsverweigerung, die wir da bei anderen wahrnehmen. Aber das würde ja nur von uns und unserem eigenen fragwürdigen Verhalten ablenken. Also lassen wir das bleiben.

Keine aseptische, keimfreie Umgebung

Eine Rabenelternkinderstube ist kein Reinraumlabor, kann es gar nicht sein. Das wird nun wirklich niemanden überraschen. Und wir gehen so weit zu behaupten: Das ist überall so, wo Kinder sind – egal wie gut behütet oder wie nachlässig behandelt. Und gerade dort, wo Kinder in der Mitte der Aufmerksamkeit stehen, wo sie geliebt und willkommen sind, da wird es unserer unmaßgeblichen Wahrnehmung nach nie wirklich klinisch rein zugehen können.

Selbstverständlich sind unsere Sprösslinge nicht im Dreck aufgewachsen. Gerade wenn Säuglinge und Klein(st)kindern im Haushalt sind, achten Rabeneltern auf peinliche Sauberkeit – in der Küche, rund um den Wickeltisch, in den Sanitärräumen. Aber das ist natürlich immer nur eine Momentaufnahme, nie eine auch nur für eine halbe Stunde stabile Lage. Dafür sorgt allein schon der Stoffwechsel der lieben Kleinen.

Stoff und Wechsel – das sind dabei zwei wichtige Stichworte: Zivilisatorische Segnungen wie die Wegwerfwindel gehen einher mit unvorstellbaren Müllbergen. Aber auch noch so idealistische junge Eltern kommen unweigerlich an den Punkt, wo sie sich sagen: Sch... drauf, her mit der Pampers-Monatspackung. Stoffwindeln selbst auskochen ist kein Spaß, und Windeldienste waren in den frühen 1990er Jahren noch keine wirkliche Alternative, außerdem unbezahlbar. Heute mag das anders aussehen. Das Geschäft mit dem Geschäft boomt; die kleinen Prinzen und Prinzessinnen können in Vlies, Bambusviskose, Hanf, Baum- oder Merinowolle oder Zellstoff gepackt und gegen das Auslaufen mit Polyethylen oder PUL abgedichtet werden.

Was man besser nicht tun sollte: Über die Ökobilanz der einen wie der anderen Verfahren nachdenken. Und wir Rabeneltern gestehen freimütig: Beim Anblick unserer Zwerge haben wir uns über alles Mögliche den Kopf zerbrochen, aber nie über deren ökologischen Fußabdruck. Wir haben das Wesen des elterlichen Erziehungs- und Versorgungsauftrags eher darin gesehen, dass sich der physische Fußabdruck der lieben Kleinen (in Sand, Matsch, Gips...) zügig vergrößert und überhaupt erst einmal kräftig wird.

Wer gerade mittendrin steckt, mag es kaum glauben, aber die Windelphase hat irgendwann ein Ende. Der Kampf gegen Staub, Schmutz und Keime dagegen – der geht unablässig weiter und muss geführt werden, auch wenn er nicht zu gewinnen ist. Das ist leider kein Rabenelterngekrächze, sondern eine unumstößliche Tatsache. Verlässliche Verbündete wie Waschmaschine, Generalreiniger und Staubsauger helfen wenigstens, die Stellung zu behaupten. Aber auch bei noch so held*inn*enhaftem Einsatz bleibt festzuhalten: die Begriffe *aseptisch* und *keimfrei* verhalten sich zu *Kinderzimmer* wie Feuer zu Wasser. Sie vertragen einander nicht.

Säuglinge sabbern, nehmen alles im Haushalt in den Mund: Möbelkanten. Schnürsenkel und Schuhsohlen, die eine halbe Stunde vorher noch Bekanntschaft mit dem Straßenstaub geschlossen haben. Deckel aller möglichen Behältnisse und die Behältnisse selbst: Flaschen, Dosen, Kosmetiktiegel, Senftuben. Polsterstoffe und Gardinen. Buchdeckel und Buchrücken. Aktenkoffer. Fußleisten. CD-Hüllen. Netzkabel. Nichts davon wird ständig gereinigt oder gar desinfiziert. Krabbelkinder erobern ihre Welt, robben über Teppichböden, die schon alles Denkbare und Undenkbare geschluckt haben, rutschen über Fliesen, Laminat, versiegeltes Parkett oder Vinyl. Ein Wunder, dass die allermeisten Kinder das unbeschadet überstehen.

Andererseits ist es *kein* Wunder, dass so viele Kinder Allergien entwickeln. Dafür reicht schon der maßvolle Einsatz von Haushaltschemikalien. Erst recht begünstigt die maß*lose* Verwendung von Putzmitteln, Teppichpulver, Polsterspray und Lufterfrischer, dass die Kleinen darauf mit Ausschlägen, Pusteln, Rötungen reagieren. Wenn sie derartigen Reizen schon nicht im elterlichen Haushalt ausgesetzt sind, dann eben draußen in der großen, weiten Welt: Luftschadstoffe, schmutzabweisende oder wasserabweisende Ausrüstung der Regenjacken, chemische Imprägnierung auf Autositzen. Das alles muss man dann wieder kontern mit literweise Babyöl, Pflegecremes und Zinksalbe.

Das kennen wir alles. Selbst wenn wir es im eigenen Heim vergleichsweise entspannt gehalten haben – mit übertriebener Sauberkeit wurden auch wir, wurden auch unsere Kinder gelegentlich konfrontiert. Mit den Folgen ebenfalls. Für Neurodermitis gab es in unseren Familien eine gewisse Disposition, das war also keine große Überraschung.

Den Balanceakt zwischen Reinlichkeit auf der einen Seite und putztechnischem Overkill auf der anderen Seite haben wir vermutlich ganz gut hinbekommen. Allerdings haben auch wir einen Preis dafür bezahlt: zu unserem Freundeskreis gehören keine Mysophobiker und keine zwanghaften Stäubchenzähler. Wenn dann doch einmal entsprechend disponierte Menschen unseren Haushalt aufgesucht haben, dann blieb es zumeist bei einer kurzen Begegnung, und wenn die vorbei war, haben sowohl wir als vermutlich auch die panisch schmutzvermeidenden Gäste aufgeatmet mit Gedanken wie „Was ein Glück – sie sind weg" bzw. „Gut, dass ich dieser Mikrobenbrutstätte lebend entkommen bin."

Keine Kita

Keine ideologischen Gründe haben uns davon abgehalten, unsere Kinder in die Krippe und/oder in die Kindertagesstätte zu schicken. Fakt war: Es gab an unserem Wohnort nur ein begrenztes Angebot an organisierter Kinderbetreuung. Kindergarten von 8-12 und von 14-16 Uhr. Mittagsverpflegung, erweiterte – damit berufsfreundlichere – Öffnungszeiten, gar Ganztagsbetreuung – das war später gestarteten jungen Familien, späteren Jahrgängen von Kindern vorbehalten. Wir hätten so etwas durchaus gern ausprobiert. War aber leider nicht gegeben.

Was hatten wir stattdessen? Insbesondere die Rabenmutter? Einen klassischen Tagesablauf. Mehr als nur eine gemeinsame Mahlzeit am Tag. Viel Qualitätszeit mit dem Nachwuchs. Natürlich auch viel Theater, viel Drama, viel Eifersucht und Kleinkinderherzeleid, gelegentlich eskalierte Konflikte zwischen Zwei- und Vierjährigen, aber auch unfassbar viel Spaß, Sprüche für die Ewigkeit, bohrende und weltbewegende Fragen aus Kindermund, waghalsige Ideen, erstaunliche Erfolge, weitreichende Pläne. Wir wagen uns nicht vorzustellen, was uns alles entgangen wäre, hätten wir die Kleinen tatsächlich in Ganztagsbetreuung geben können. Künftige Generationen junger Eltern werden mit Eifersuchtsattacken zu kämpfen haben, wenn ihnen bewusst wird, dass nicht sie selbst, sondern die Erzieherinnen und die eher wenigen Erzieher in den Kitas dieser Republik Zeugen besonders heller Momente, besonders wichtiger erster Erfahrungen und Lebensäußerungen ihrer Kinder werden.

Kein TV im Kinderzimmer

Einmal abgesehen davon, dass in den meisten Mietwohnungen exakt *eine* Anschlussdose für TV oder Kabelempfang installiert ist – nämlich im Wohnzimmer, sind wir bis zum heutigen Tag davon überzeugt, dass Fernsehgeräte im Kinderzimmer nichts verloren haben. Das mag anachronistisch klingen – wer braucht noch einen TV-Empfänger, wo doch auf jedem Smartphone Millionen Filmchen via YouTube zugänglich sind und Bezahldienste wie Netflix und Amazon Prime Video genauso gut auch übers Notebook laufen?

Uns Rabeneltern geht es bei dieser Frage ums Prinzip. Wir sind keine Wirklichkeitsverweigerer – auch wir haben unsere kleinen Kinder schon mal vor dem Fernseher geparkt, und zwar zu penibel ausgewählten Sendungen – zumeist des Kinderkanals. Immer für eine genau definierte, begrenzte Zeit. Auf keinen Fall zur Dauerberieselung. Wir wollten sie trotzdem im Blick behalten. Und wir waren noch kritischer als die KiKa-Redaktionsleitung: Längst nicht alles fand unseren Beifall, was die Medien- und Pädagogikprofis durchgewunken und für kindertauglich befunden haben.

Der Rabenvater als Medienmann hatte Zugang zu Materialien des Münchner Instituts Jugend Film Fernsehen (IFF, heute: Institut für Medienpädagogik in Forschung und Praxis), das ab 1997 die Broschüre *FLIMMO* herausgab. Anstelle der gedruckten Ausgabe erfüllt heute das Webportal *www.flimmo.de* den erklärten Zweck: Es sieht gewissermaßen vor und sichtet und sortiert und bewertet auf Kinder gerichtete Filme, Serien, Videospiele, Streaming-Angebote, Internetseiten. Das hilft Eltern bei der

Einschätzung, wie kindgerecht ein konkreter Film, ein konkretes Unterhaltungsangebot ist – oder wie problematisch. Es entbindet die Erziehungsberechtigten aber natürlich nicht davor, sich selbst auch noch einen Eindruck davon zu verschaffen.

Wir hätten bei manchem empfohlenen Werk den Daumen gesenkt. Manchmal allein aus ästhetischen Gründen: lieblos zusammengenagelte Animationsfilme; abstrus ausgestattete Szenen. Oft auch aus inhaltlichen Gründen: haarsträubende Stories, fragwürdige Lösungsangebote, aus unserer Sicht nicht vertretbare ethische Positionen. Aber im FLIMMO-Filter bleibt doch ein großer Teil des unverdaulichen Mists aus dem großen Medienangebot hängen. Es war noch Aufwand genug, den überschaubaren für unbedenklich erklärten Rest daraufhin abzuscannen, ob für die eigenen Kinder etwas Brauchbares dabei war.

Unsere Rabenelternüberzeugung ist: Keine App und kein Medienportal sollte ein kleines Kind so gut kennen, wie es die eigenen Eltern tun. Niemand kann und darf ihnen Überlegungen wie diese abnehmen: Ist der Film, die Serie, das Angebot altersgerecht? Kann unser(e) kleine(r) Abenteurer(in) der Story überhaupt folgen? Ist diese und jene Szene nicht zu aufregend? Soll er, soll sie sich mit dem bewussten Thema wirklich jetzt schon auseinandersetzen? Wenn ja: warum gerade so? Das sind ganz und gar nicht banale Fragen. Wer einen Film schaut, muss sich wohl oder übel auf die Phantasie, die Sichtweise, den Blickwinkel der Filmschaffenden einlassen. Das ist bereits eine Einschränkung. Und dabei beansprucht das bewegte Bild die ganze Aufmerksamkeit. Bekommt das Kind dagegen denselben Stoff anders vermittelt, bekommt es dieselbe Geschichte zum Beispiel vorgelesen, dann kann es sich seinen ganz eigenen Reim darauf machen, seine ganz eigene Vorstellung davon entwickeln.

Aus Rabenelternsicht kann Medienerziehung gar nicht früh genug beginnen, denn die Medienwirtschaft hat bereits die Kleinsten als Zielgruppe im Visier (und junge Eltern als zwar noch nicht sehr zahlungskräftige, aber zahlungswillige Kundengruppe auf dem Radar). Medienerziehung betrifft auch nicht nur Bewegtbild, Videospiele oder Adventures. Bewegtbild gibt's breitenwirksam erst seit ca. 120 Jahren, Tonträger seit 135 Jahren. Dagegen blickt die Menschheit auf mittlerweile 5.000 Jahre Schriftkultur zurück; hat also mit geschriebenen und gedruckten Buchstaben bereits unfassbar viel Erfahrung gemacht. Erzählungen, Geschichten, ganze Bücher speziell für Kinder, bebildert oder auch nicht, gibt es immerhin schon seit Mitte des 18. Jahrhunderts, in größerer Auswahl seit ca. 180 Jahren. Heute in großer Breite und Vielfalt, für jedes Lebensalter und für jede Phase der Kindheit.

Wer lesen kann, ist auch in der digitalen Gegenwart klar im Vorteil. Deshalb haben wir dem Buch eine deutlich größere Rolle im Kinderzimmer zugestanden als dem bewegten Bild – und selbst als dem Kinderhörspiel, mit dem wir ebenfalls gute Erfahrungen gemacht haben. Zu beidem – Buch und Hörspiel – an anderer Stelle mehr.

Keine Yamaha-Musikschule – aber Musik!

Ohne Musik wäre das Leben ziemlich trostlos. Wo richtig was los ist, da ist Musik drin, und umgekehrt: Wo Musik ist, da ist auch was los. Musik geht ins Blut und in die Beine, auch schon ins Blut und in die gerade erst im Entstehen begriffenen Beinchen des noch ungeborenen Kindes im Mutterleib. Insofern ist unser Nachwuchs vermutlich schon vorgeburtlich rettungslos infiziert worden mit Swing und Bigband-Sound, mit Mundorgel-Schlagern und Kirchenmusik und mit rheinischem Mundart-Pop à la BAP und De Höhner, mit Jazzrock von Earth, Wind & Fire und mit Ethno-Pop der Neville Brothers. Gelegentlich auch mit Krachmucke von den Scorpions und Aerosmith.

Einmal auf der Welt, haben wir unsere Kinder auch weiterhin in Musik gebadet. Haben *für* sie und später dann auch *mit* ihnen gesungen. Und wir haben sie beschallt mit Kinderliedern von Fredrik Vahle und anderen Musikschaffenden. Singen war unverzichtbarer Bestandteil der meisten Familienrituale.

Alles hat seine Grenzen. Wir waren heilfroh, dass uns die Großeltern, Paten, Onkel und Tanten vor batteriebetriebenem lärmerzeugendem Spielzeug verschont haben. Wir waren und sind überzeugt vom Wert musikalischer Früherziehung. Aber unserer Überzeugung nach muss man damit nicht schon im Windelalter beginnen.

Der Weg bis zur nächsten Yamaha-Musikschule war ohnehin ein bisschen weit – aber ganz im Ernst: Warum die Kinder schon im zarten Alter von drei Jahren in Yamahas "Music Wonderland" schicken, wenn man doch auch zuhause gemeinsam Musik hören kann, wenn man auch dort "die unterschiedlichen Charakteristiken von Musik wahrnehmen und bewusst erleben", sich zur Musik bewegen und ein Gefühl für Rhythmus entwickeln kann? Es sei einmal dahingestellt, ob Dreijährige wirklich schon Notennamen erlernen müssen. "Erste Erfahrungen mit einem Tasteninstrument" sammeln konnten unsere Sprösslinge an Ort und Stelle; da waren sie zweifellos privilegiert. Wir mussten nur aufpassen, dass sich keine(r) die Finger quetschte, denn der Klavierdeckel war ziemlich schwer (und zum Glück abschließbar).

Die ersten Instrumente: Glockenspiel und Melodica. Ersteres wegen verschluckbarer Kleinteile nur unter Aufsicht zu verwenden, letztere fordert schon ganz schön die Mund-Atemzentrum-Hand-Koordination. Das bereitet aber dafür bereits aufs erste wirklich brauchbare Instrument vor – auf die Blockflöte. Praktisch, dass es den Flötenkurs direkt am Wohnort in Fußmarschentfernung gab. Die Kursleiterin war selbst Mutter, man kannte sich vom Spielplatz und vom Kindergartenelternabend her. Das fällt aber schon in die Rubrik "Was wir unseren Kindern zugemutet haben."

Alles falsch gemacht – Geständnisse zweier Rabeneltern

Keine Fremdsprachen schon in der Wiege

Dass die Welt ein Dorf ist, haben wir, die wir in einem solchen leben, schon recht früh begriffen. Dass die Welt zusammenrückt, auch das lag für uns auf der Hand. Das wurde bereits im Kindergarten deutlich. Fast durchweg war die Muttersprache der Spielkameradinnen und -Kameraden unserer Kinder Deutsch, aber die Wurzeln der Eltern konnten in Polen liegen – oder in den Niederlanden – oder in Tunesien – oder in Ungarn – oder in der Türkei oder in Griechenland oder in Russland. Überall, nur nicht im angelsächsischen Sprachraum.

Trotzdem gab es auch in den 1990er Jahren schon Überlegungen, mit der Fremdsprachenvermittlung früher zu beginnen. Nicht erst in den weiterführenden Schulen. Das hat uns Rabeneltern schon verwundert, denn unserer Beobachtung nach konnten sich viele Kinder am Ende der vierten Grundschulklasse ja noch nicht einmal *auf Deutsch* vernünftig ausdrücken.

Unserer Erstgeborenen hat es nicht geschadet, dass sie mit dem Englischen als Fremdsprache erst in der 5. Klasse Bekanntschaft gemacht hat. Ihre jüngeren Geschwister sollten dann etwas früher in den Genuss kommen. Immerhin haben alle Englisch als erste Fremdsprache gelernt – auch das war und ist ja nicht mehr unumstritten.

Es gibt gute und nachvollziehbare Argumente dafür, dass Kenntnisse in Mandarin-Chinesisch oder Arabisch für den Erfolg im späteren Leben womöglich wichtiger sein werden als das Beherrschen der Sprachen ehemaliger europäischer Großmächte. Wir mit unserem begrenzten Rabenelternhorizont waren freilich nicht abzubringen von der Meinung, Französisch, Spanisch und Englisch seien auf absehbare Zeit doch noch unverzichtbar. Denn wie will man sich mit chinesischen oder arabischen Muttersprachlern verständigen, wenn man mit den rudimentären, an den Schulen der Zukunft erworbenen eigenen Chinesisch- oder Arabischkenntnissen an Grenzen stößt?

Außerdem sind wir selbst ja auch gebrannte Kinder. Haben erlebt, wie sich unsere drei Hoffnungsträger*innen mit französischer Grammatik abgeplagt haben. Deshalb konnten wir uns nicht vorstellen, dass eine komplexe und völlig anders strukturierte Sprache wie das Chinesische im Vergleich dazu ganz einfach zu erlernen wäre. Und an der Bildung der vielfältigen, für mitteleuropäische Ohren quasi ununterscheidbaren Rachenlaute des Arabischen haben sich schon Professoren der Philologie verhoben – wie sollen es dann Schulkinder schaffen ohne familiäre Bezüge, ohne Unterstützung durch Eltern, Tanten, Onkel?

Trotzdem sind unsere drei Kinder mittlerweile polyglotter, als wir es je waren. In den Metropolen dieser Welt würden alle drei auch ohne Google-Interpreter zurechtkommen, würden sich erfolgreich durchfragen können und zumindest nicht verhungern. Das haben wir erhofft, auch wenn wir selbst nicht viel dazu beitragen konnten. Deshalb schlagen wir uns auch - rabenelterntypisch – nur ganz sachte auf die Brust und murmeln nur verhalten: Nostra culpa, nostra culpa, nostra maxima culpa!

Kein Helicoptering

Anders sieht es im nächsten Bereich aus – da fällt uns leider keine Ausrede ein, noch nicht einmal eine lauwarme oder erbärmliche. Wir gestehen freimütig und ohne jede Reue: Ja, es ist tatsächlich wahr – wir haben von unseren Sprösslingen verlangt, dass sie selber laufen! Es ist auch richtig, dass wir ihnen im Grundschulalter keinen Fahrdienst geboten haben. Ist noch eine Steigerung möglich? Yes: Bereits den Weg zum Kindergarten mussten die Kleinen auf ihren kurzen Beinchen selbst bewältigen. Unfassbare 800 Meter hin, und dieselbe Strecke natürlich auch wieder zurück – dann auch noch bergauf. An der Hand der Rabenmutter, jedenfalls in Begleitung. In späteren Jahren nur noch 550 Meter ebene Strecke, aber dafür mit Überquerung der viel befahrenen Hauptverkehrsstraße; zum Glück gab es am Weg eine Fußgängerampel.

Dass es auch ganz anders gegangen wäre, können wir schul- und kindergartentäglich in unserer direkten Nachbarschaft beobachten. Da werden die Kinder umständlich ins Auto verfrachtet und den halben Kilometer gefahren. Wir waren sehr gespannt, ob das auch dann noch so ablaufen würde, wenn das ältere Nachbarskind eingeschult sein würde. Genau so kam es – gewundert hat es uns nicht. Der Weg zur Grundschule ist zwar noch kürzer (400 m), aber selbst das ist ja vielen ABC-Schützinnen und -Schützen offensichtlich nicht zuzumuten. Wie sollen sie dann erst den zusätzlichen Schlenker bis zur Fußgängerampel bewältigen? Das sind ja noch einmal 50 Meter mehr!

Wir dagegen kannten kein Erbarmen. Wir haben unseren Dreien alles abverlangt, auch dieses. Zu Fuß zur Schule – total uncool! Und das bereits von der zweiten Klasse an ohne Begleitung! Wir hätten freilich auch kein standesgemäß-präsentables Fahrzeug fürs Helicoptering gehabt. Dasselbe später, als es an die weiterführenden Schulen ging: In der Regel haben wir keinen Shuttleservice angeboten, stattdessen hieß es ganz demokratisch Bus & Bahn fahren. Mit allem, was dazu gehört: ganzjährig mit drangvoller Enge, im Winterhalbjahr zusätzlich mit Angriffen auf die Immunabwehr durch Husten und Schniefen, im Sommer mit garantierten Hitzeschocks. Nur ganz gelegentlich konnte der Nachwuchs den Umstand nutzen, dass der Arbeitsplatz des Rabenvaters nur 100 m von der Unter- und Mittelstufenschule entfernt war.

Wo wir schon dabei sind:

Keine Privatschule

Wir Rabeneltern hätten unsere Kinder durchaus ab Klasse 5 auf eine renommierte – christliche – Privatschule schicken können. Das wäre zwar im 25 km entfernten Gießen gewesen, aber andere Eltern aus unserem Bekanntenkreis haben die damit verbundene logistische und finanzielle Herausforderung ja auch gemeistert. Aber wir wollten nicht. Wir sind auch gar nicht auf die Idee gekommen, dass unsere Kinder uns das womöglich nie verzeihen könnten.

Wir waren zwar nicht restlos überzeugt von der Regelschule, vor allem nicht von deren Zustand. Aber wir hatten ebenfalls im Bekanntenkreis mitbekommen, dass an der ehrwürdigen "christlichen Privatschule evangelischer Prägung" auch nur mit Wasser gekocht wurde. Außerdem waren wir so naiv oder idealistisch oder beides, dass wir im Grunde *allen* Kindern die bestmögliche Schulbildung wünschten, nicht nur einer Elite. Wir waren davon überzeugt, dass alle Kinder an allen Schulen eine optimale Förderung verdient haben. Also: Regelschule.

Wer nun denkt, wir hätten uns kampflos dem System unterworfen, der oder die irrt gewaltig. Wir haben bereits an der örtlichen Grundschule aufbegehrt gegen das diktatorische Gehabe des Drachen Mahlzahn, pardon: der langjährigen Schulleiterin. Als Zugezogene haben wir fassungslos beobachtet, wie sich Endzwanziger und Mittdreißiger bei Klassenelternabenden von der alten Schachtel zusammenfalten und öffentlich demütigen ließen (sie hatten ja bereits großenteils selbst das zweifelhafte Vergnügen mit dieser Lehrkraft gehabt, als sie selbst noch Kinder gewesen waren). Eine Anfrage beim staatlichen Schulamt ergab die lapidare Auskunft "Da machen wir nix mehr" – die Dame stand bereits kurz vor der Pensionierung. Wir konnten nicht verhindern, dass sie bis dahin mit ihren pädagogischen Künsten noch das eine oder andere Kind traumatisiert hat. Bei unserem Zweitgeborenen hat ihr abwertendes Urteil, von wegen mit Mathe würde er noch Probleme bekommen, zum Glück keine bleibenden Schäden verursacht, sondern eine Trotzreaktion: Er hat es sich selbst und dem Rest der Welt bewiesen, dass er es drauf hat. - Wir als Rabeneltern haben uns erst recht nichts sagen lassen. Und wir waren uns auch in einer weiteren wichtigen Frage ohne lange Diskussion einig:

Keine integrierte Gesamtschule

Den Klassenlehrerinnen und der Schulleitung der Grundschule zufolge wäre es so wichtig gewesen, dass auch leistungsstarke Kinder an die integrierte Gesamtschule im Nachbarort gehen (das klang bereits so, als wäre es eher die Ausnahme als die Regel). Sorry, nicht mit uns – da waren wir bockig und nicht verhandlungsbereit. Für unsere drei cleveren Rabenelternjungen musste es das Gymnasium sein. Oder wenigstens die kooperative Gesamtschule mit einem gymnasialen Zweig. Wären einzelne unserer drei doch eher praktisch begabt gewesen, dann hätten wir auch da eine klassische Realschule oder Hauptschule der Einheitsschule vorgezogen. Oder den Real- oder Hauptschulzweig der kooperativen Gesamtschule.

Zur Erläuterung: Der Altkreis Wetzlar, das ist die südöstliche Hälfte des mittelhessische Lahn-Dill-Kreises, leistet sich eine schulische Besonderheit. Er unterhält ein großes zentrales Oberstufengymnasium – die Goetheschule. Alle anderen weiterführenden Schulen gehen nur von Klasse 5 bis 10. Die meisten dieser Schulen waren seit den frühen 1970er Jahren integrierte Gesamtschulen. Deren Konzept hat uns Rabeneltern überhaupt nicht überzeugt.

Wir haben beide zwar in unterschiedlichen Bundesländern, aber jeweils an einem Gymnasium das Abitur gemacht. Das wollten wir unseren Kindern ebenfalls gönnen, nachdem sich abzeichnete, dass alle drei das Zeug dazu hatten. Die Freiherr-vom-Stein-Schule in Wetzlar träumte damals gerade davon, wieder Vollgymnasium zu werden, verfolgte aber einen elitären Ansatz (war damit Projektionsfläche für die Träume finanzkräftiger Eltern aus einem unglaublich weiten Umkreis). Nicht unser Ding, und wir wollten auch nicht, dass unsere Kinder Versuchskaninchen bei einem Experiment mit ungewissem Ausgang werden. Blieb als Alternative nur noch die Eichendorffschule, die einzige kooperative Gesamtschule mit "echten" Gymnasialklassen von Klasse 5 an. Aus Rabenelternsicht war das auch im Rückblick mit 20 Jahren Abstand noch die richtige Entscheidung. Auch wenn wir uns glücklich schätzen können, dass wir überhaupt eine Wahl hatten. In vielen anderen Landkreisen und Bundesländern hätten gar keine Alternativen zur Wahl gestanden.

Wie jede andere Regelschule auch hatte die gewählte Lernanstalt gleichermaßen Glanz und Elend zu bieten, herausragende wie mäßige Lehrkräfte – und auch solche zum Abwinken. Wie auf einer ganz normalen Gaußschen Normalverteilungskurve zu erwarten. Manche Versprechungen konnte die Schule nicht einhalten – weil zum Beispiel das staatliche Schulamt dazwischenfunkte und damit den held*inn*enhaften Einsatz der Schulleitung um den Erhalt des Hauptschulzweigs konterkarierte. Oder auch weil das durchaus vorhandene elterliche Engagement an so profanen Dingen scheiterte wie einer vom Regierungspräsidium verfügten Haushaltssperre und eines Genehmigungsvorbehalts selbst beim Erwerb eines simplen Farbeimers zur Verschönerung des Klassenraums.

Wir Rabeneltern bildeten eine Schicksalsgemeinschaft mit ganz anders getakteten und gestrickten Eltern, allenfalls in Frage gestellt durch unsere regelmäßige Intervention, wenn es um den Finanzrahmen und die Reiseziele etwaiger Klassenfahrten ging. Als Klassenelternbeiräte haben wir uns eben auch solchen Familien verpflichtet gefühlt, die nicht mal eben einen Tausender für eine Woche Toskana oder für den Skikurs im Winter erübrigen konnten. Diese egalitäre Haltung war aus Sicht längst nicht aller, aber einiger Miteltern (und ihrer verzogenen Gören – sorry, dass das so deutlich gesagt werden muss) sicher unverzeihlich. Erstaunlicherweise sind aber trotzdem alle in gefühlt jeder zweiten Jahrgangsstufe ins Schullandheim, auf eine Insel, ins Gebirge oder in eine europäische Großstadt gefahren – und sind entsprechend weit in der Weltgeschichte herumgekommen.

Nicht wirklich beeinflussen, nur dankbar zur Kenntnis nehmen konnten wir die Tatsache, dass es an der Schule zumindest *einen* in Sachen Computertechnik und Programmiersprachen topfitten Lehrer gab. Der hat allen drei unserer Kinder aufs digitale Pferd geholfen, hat ihnen die mathematischen Grundlagen dafür vermittelt, und ihm sind sie auch am Oberstufengymnasium wiederbegegnet. Anders als den meisten Kameradinnen und Kameraden aus der Grundschule, die auf der integrierten Gesamtschule die eine oder andere Schleife extra gedreht haben. Ob das wirklich an der IGS lag, können wir natürlich nicht überprüfen; es liegt uns Rabeneltern auch fern, da einen Zusammenhang zu konstruieren, den es womöglich gar nicht gibt.

Keine High-End-Rechner im Kinderzimmer

Beim nächsten Punkt wird jede(r) Nachgeborene der Babyboomer-Generation einwenden, man könne bei den Computern der frühen und mittleren 1990ern Jahre doch nie im Leben von „High End" sprechen. Dagegen legen wir Einspruch ein, und zwar ganz entschieden. Der Rabenvater hatte aus beruflichen Gründen stets die jeweils flottesten Arbeitsgeräte der jeweiligen Ära zur Verfügung. Wohlgemerkt: Arbeitsrechner, nicht hochgerüstete Gamer-Computer mit extrafetter Grafikkarte. Gutes Arbeitsgerät gibt man erst aus der Hand, wenn es wirklich fortschrittlichen Ersatz gibt mit entsprechendem Produktivitätsgewinn. Wir haben in unserem gemütlichen familiären Rabennest die ganze computertechnische Evolution in Warp-Geschwindigkeit mitgemacht: Atari-Rechner, sackschwere externe Festplatten mit aus heutiger Sicht mikroskopisch kleinem Speicher – 28kB-Modems mit fußlahmem Anschluss an die große weite Welt – ein erstes brauchbares Reisenotebook mit Windows 3.1 und einen entsprechenden Untertischrechner – nächste Entwicklungsstufe Windows 98, endlich eine ordentliche grafische Oberfläche, dafür aber leider kein WordPerfect mehr, der Hochgeschwindigkeitszug der 10-Finger-Blindschreib-Artist*inn*en. Und so ging es gerade weiter und so fort, bis in die Gigahertz-LAN-Welt.

Die Rabenelternjungen wurden sachte an die digitale Welt herangeführt mit Papas abgelegten, da überholten Computern. Für Jump&Run-Spiele der ersten und zweiten Generation auf Diskette aus der Stadtbibliothek hat's gereicht. Später Freeware-Spiele auf den Gimmick-CDs der Computerzeitschriften. Löwenzahn-CD-Roms zum Geburtstag.

Ganz gelegentlich auch mal ein gut gemachtes, pädagogisch wertvolles Adventure wie *Opera Fatal*. Aber ganz bestimmt keine Ego-Shooter-Spiele, da haben wir keinen Spaß verstanden. Und auch kein *Grand Theft Auto* – das hätte ja die Erfolge der kompletten Verkehrserziehung zunichte gemacht, außerdem waren die PC-Versionen solcher Spiele im Vergleich zu den Ausgaben für die Videospielkonsolen von Nintendo und Sony sowieso eher lahm und längst nicht so überzeugend animiert.

Stattdessen haben wir bereits den Zwölfjährigen einen leidlich brauchbaren Tastatur-Tippkurs verpasst, wofür sie uns noch heute dankbar sind. Denn Data-Mining ist die Goldsuche der Gegenwart, und wer schneller tippen kann, findet und hebt die wertvolleren Informationsschätze.

Die knausrige Linie, was die EDV-Ausstattung des Nachwuchses anging, ließ sich leider nur bis zur Mittelstufe durchhalten. Grob über den Daumen gepeilt, haben die Investitionen in entsprechende Technik bis zur Hochschulreife unserer drei Sprösslinge bereits ein halbes Jahresgehalt verschlungen. Netztechnik von ISDN bis DSL nicht eingerechnet. Und dann ging es ja erst richtig los! Vorwürfe, wir Rabeneltern hätten unsere Kinder in unverantwortlicher Weise kurzgehalten und ihnen deshalb Wege in die Zukunft verbaut, können wir nicht auf uns sitzen lassen. Wir haben bei unseren Rabenelternjungen gründlich nachgeschaut und können beschwören, dass keines von ihnen wie in *Matrix* eine eingebaute Schnittstelle an der Wirbelsäule hat. Sie sind nach unserer Überzeugung durch und durch analoge Wesen, und es wäre schlimm, wenn es anders wäre. Aber wir sind zugleich beruhigt, dass sie sich bewusst und selbstbewusst in der digitalisierten Welt bewegen und die Fallstricke und Leimruten dieser schönen neuen Welt eben auch identifizieren können.

Wir würden schlechter schlafen, wenn wir den Eindruck hätten, dass die Technik sie beherrscht. Das Gegenteil ist der Fall. Wobei uns klar ist, dass „die Technik beherrschen" ein Euphemismus ist: das stimmt immer nur so lange, bis die Technik – insbesondere die Computertechnik – dann eben doch Zicken macht, und da geht es unserem Nachwuchs wie uns selbst auch: Das kostet dann genau wieder die kostbare Zeit, die man durch den Einsatz der technischen Segnungen der Gegenwart ja erst gewonnen hat, und genau die Nerven, die man ja eigentlich schonen wollte...

Kein smartes Phone im Grundschulalter

Zu den erwähnten technischen Segnungen der Gegenwart gehört zweifellos das mobile Telefon, neudeutsch (aber nicht wirklich englisch) Handy. Eltern möchten ja gerne Bescheid wissen, wo ihre Abkömmlinge sich gerade aufhalten – ob sie zum Beispiel gut am erklärten Ziel angekommen sind. Und als mobile Telefone in den 1990ern nicht mehr ziegelsteingroß waren, sondern handliche Formate annahmen, schien das eine Win-Win-Situation für beide Seiten zu sein: Erziehungsberechtigte beruhigt – größere Bewegungsfreiheit für die Kinder. Der Pferdefuß: Mobilfunkverträge waren anfangs ebenso unflexibel wie teuer. Die kleinen Kisten, die außer telefonieren immerhin schon Kurznachrichten übermitteln konnten – SMS, maximal 160 Zeichen – gab's zumeist für wenig Geld zum Vertrag dazu, aber die Tücken steckten im Kleingedruckten, und die wahren Kosten ebenfalls.

Wir Rabeneltern waren durchaus technikaffin, wir konnten allerdings auch rechnen. Hatten also auch schon relativ früh eine Vorstellung, wie teuer uns der Spaß kommen würde, wenn erst einmal alle drei Kinder so ein Telekommunikationsgerät im Gebrauch hätten. Wir haben auch im Freundes- und Bekanntenkreis recht früh mitbekommen, dass die von den Erwachsenen ersehnte lückenlose soziale Kontrolle über den Nachwuchs eine Illusion war. Es hat sich zunächst nur etwas bei den Ausreden geändert. Statt „Der öffentliche Fernsprecher war leider demoliert" oder „Ich hatte kein Kleingeld für die Telefonzelle" hieß es nun immer öfter „Ich hatte kein Netz" oder „Sorry, der Akku war leer."

Als Elternvertreter haben wir außerdem mitbekommen, dass der technische Fortschritt die soziale Schichtung, um nicht zu sagen Spaltung in einer Schulklasse umso deutlicher machte. Sag mir, was dein Handy kann, und ich sage dir, was für ein Looser du bist, denn meins kann viel mehr! Fast unnötig zu erwähnen, dass die Leistungskontrolle in den Schulklassen durch die zunehmende Verbreitung der kleinen elektronischen Kisten auch eher kompliziert wurde. Die meisten Kinder sind ja nicht dumm, sondern extrem einfallsreich und kommen ganz von selbst auf so verführerische Gedanken wie: „Warum soll ich mir die Lösungen für den Mathe-Test nicht einfach von draußen zusimsen lassen?" Das hat sich flächendeckend zigtausendfach an den Schulen der Republik ereignet und hat natürlich eine Reaktion provoziert: Bei entsprechenden Klassenarbeiten wurden in vielen Schulen erstmal die Mobiltelefone eingesammelt, und das ging dann wieder von der Netto-Unterrichtszeit ab.

Schon in der Grundausstattung brachten die allermeisten Mobiltelefone ein paar simple Spiele mit; einzelne hatten Suchtpotential, und das wiederum hatte – was Kinder betrifft – dramatischen Einfluss auf die Pausenhofkultur und oft auch schon auf den Schulweg. Da wurde gezockt und gedaddelt, obwohl die Möglichkeiten auf den winzigen Bildschirmen begrenzt waren und die Darstellung ungleich lausiger war als auf dem heimischen PC. Aber dafür war diese Spielewelt eben überall verfügbar. Das war nicht nur eine Versuchung für junge Leute – aber auch und gerade für die.

Und so lautete unser rabenelterlicher Entschluss: Handy ja – aber noch nicht in der Grundschule. Mobiles Telefonieren ja, SMS ja, aber hochgerüstete

Nobel-Endgeräte musste sich unser Nachwuchs abschminken. Und wir haben unseren Hoffnungsträgerinnen und -Trägern auch klar gemacht: Seinerzeit noch teure Sonderfunktionen wie MMS (Versand von Bildern übers Mobilfunknetz) gehen auf ihre Kosten. Das hat nicht verhindern können, dass z.b. unser Sohn in der 7. Klasse von großzügigen frühaufgeklärten (oder angeberischen?) Klassenkameraden mit pornografischen Bildern versorgt wurde. Das hat uns freilich auch nicht besonders überrascht – vor dem Mobilfunkzeitalter hätten eben die einschlägigen Druckerzeugnisse Gesprächsbedarf signalisiert.

Unter unseren Augen haben sich Kommunikationswege und das Kommunikationsverhalten rasant verändert. Viele Klassenkamerad*inn*en unserer Kinder wurden noch mundfauler als bisher schon; bei manchen wanderte die Ausdrucksfähigkeit erkennbar vom Sprechapparat in den Daumen. Dessen erstaunliche Beweglichkeit war ja schon ein evolutionäres Plus, als unsere Urahnen von den Bäumen stiegen. Da war natürlich noch nicht absehbar, dass der Daumen einmal dazu dienen könnte, in affenartiger Geschwindigkeit Kurzmitteilungen zu verfassen und auf die Reise durchs anfangs noch recht locker geknüpfte Datennetz zu schicken.

Nun sind ja die meisten Menschen soziale Wesen, und so entwickelte sich aus der prinzipiellen Möglichkeit "Eine SMS versenden können" wie von selbst ein fröhlicher, hochfrequenter SMS-Austausch. Wir können das seit der Frühzeit der Mobiltelefonie von der Terrasse aus auf dem öffentlichen Spielplatz gegenüber beobachten: da versammeln sich öfter ein halbes Dutzend Heranwachsende, kauern dicht an dicht nicht etwa auf den Sitzflächen, sondern oben auf den Lehnen der Drahtbänke. Die jungen Leute sprechen vergleichsweise wenig direkt miteinander, vielmehr stiert jede und jeder aufs jeweils eigene smarte Telefon und hackt in rascher Folge Kurzmitteilungen in die Tasten. Gelegentlich quittiert durch Ausrufe des Erstaunens oder auch der Abscheu oder der Anerkennung vom anderen Ende der Bank. Das lässt darauf schließen, dass tatsächlich so etwas wie Verständigung zustande gekommen ist. Das hätte man einfacher haben können, aber wer will dazu schon den Kopf heben, den Schnabel aufmachen und dem Gesprächspartner oder der -Partnerin dabei direkt in die Augen sehen?

Das alles hat sich – Stichwort Tasten – wohlgemerkt schon Jahre vor Beginn der eigentlichen Smartphone-Ära ereignet. Die ist ja erst 2007 angebrochen mit der Markteinführung von Apples iPhone, seither gibt's berührungsempfindliche Touchscreens und die Texteingabe direkt über den Bildschirm. Längst hat sich der digitale Plausch verlagert auf Messengerdienste wie WhatsApp, Telegram oder Signal. Geblieben ist das Phänomen der Kommunikation über Bande, dabei könnte man doch auch direkt miteinander reden. Neue, noch gruseligere Phänomene haben sich dazugesellt – etwa die "Smombis" – geistesabwesende, umweltvergessene, offenbar autistische Lebensformen, bevorzugt auf den Zebrastreifen und in den Fußgängerzonen der Republik unterwegs. Den starren Blick fixiert aufs Wischgerät – typischerweise in der rechten Hand. Und dieses gespenstische Leiden kann, wie wir wissen, Menschen jeden Alters ereilen. Davon ist auch die Elterngeneration nicht ausgenommen.

Ist der Fortschritt normalerweise eine Schnecke, so stimmt das zumindest in der Mobilfunkwelt nur ganz bedingt. Da gab es innerhalb weniger Jahre eine geradezu überbordende Fülle an Innovationen – auf der Technikseite, vor allem aber auf der Anwendungsseite. Unglaublich, was man mit den kleinen Geräten so alles anstellen kann. Das ging schon früh weit über all das hinaus, was sich besorgte Eltern wünschen und überhaupt vorstellen konnten. Handys orten; gar mithören, was der Nachwuchs da mit anderen beratschlagt – rein technisch betrachtet ist das alles kein Problem. Wäre da nicht das lästige Thema Informationelle Selbstbestimmung. Das Begriffspaar ist erstaunlicherweise schon 50 Jahre alt, ist erstmals 1971 in einem Gutachten zum Thema Datenschutz geprägt worden, was damals auch ein brandneues Thema war.

Begrifflichkeiten waren uns Rabeneltern egal. Wir dachten an unsere eigene Kindheit und fanden die Vorstellung gar nicht lustig, dass unsere Eltern die uns eingeräumten bescheidenen, aber immerhin vorhandenen Freiräume lückenlos und elektronisch überwacht hätten. Und wir fanden unser Unbehagen bestätigt im § 98 des Telekommunikationsgesetzes. Denn was steht da zu lesen: Die Standortdaten eines Mobiltelefons dürfen überhaupt nur dann genutzt werden, „wenn sie anonymisiert wurden oder wenn der Teilnehmer seine Einwilligung erteilt hat." Soweit, so klar. Die Mobilfunkverträge laufen ja üblicherweise auf ein Elternteil. Aber dann: „Der Teilnehmer muss Mitbenutzer über eine erteilte Einwilligung unterrichten."

Big Brother (Big Daddy, Big Mommy...) is watching you. Wir wissen, wo du gestern Nacht/ heute früh in der vierten Schulstunde gewesen bist: Für uns klang das nicht verheißungsvoll, sondern bedrohlich. Und so stellten wir uns auch keine vertrauensvolle Beziehung zu unseren Kindern vor.

Folglich haben wir die Handys unserer drei Sprösslinge *nicht* getrackt, haben keine Ortungsprogramme genutzt. Und bis heute geht uns die Vorstellung gegen die Rabenelternehre, dass wir unsere heranwachsenden, zunehmend selbständigen Kinder lückenlos hätten im Auge behalten oder ihnen hinterherspionieren sollen. Das muss in den Augen der aktuellen Generation junger Eltern wie ein unverzeihliches Versäumnis wirken.

Womöglich hat sich da auch gesellschaftlich etwas verschoben. Offenbar ist aus der schieren Möglichkeit der totalen Überwachung für viele längst eine selbstverständliche Wirklichkeit geworden. Aber wenn es wirklich selbstverständlich wäre, dann müssten die Anbieter von Ortungs-Apps sich nicht schamhaft verstecken hinter Formulierungen des Kalibers "So können Sie Ihr..." – oder vertraulicher "So kannst du dein verlorenes Handy" wiederfinden, aufspüren, ausfindig machen. Denn das ist, genau besehen, der einzig vollkommen unverdächtige Nutzen eines solchen Spürprogramms.

Vergleichsportale sind bei der Beschreibung der Vorzüge der Anwendungen weniger zimperlich in der Wortwahl: *"Eltern mit einer besonders starken Stalking-Leidenschaft können sich App-Nutzungsstatistiken anschauen, um zu kontrollieren, ob die kleinen Racker nicht zu viel Zeit am Handy verbringen oder gefährliche Spiele spielen."* Wie bitte? Stalking-Leidenschaft? Ist das heutzutage eine akzeptable oder auch nur tolerierbare Eigenschaft? Wir dachten immer, Stalking sei ein Straftatbestand!

Keine Glückspillen

Zu unserem Glück waren unsere drei Rabenelternjungen allesamt helle im Kopf, nicht schwer von Begriff und dabei sozial veranlagt. Das ist freilich nur die halbe Wahrheit. Die andere Hälfte lautet: Zu unserem *Pech* waren unsere drei Rabenelternjungen allesamt helle im Kopf, nicht schwer von Begriff und dabei sozial veranlagt. Denn das hieß: Der Umgang mit ihnen konnte ganz schön anstrengend sein. Aber wäre es uns lieber gewesen, sie wären nicht ganz so fix, begriffsstutzig und selbstbezogen gewesen? Dann hätten sie uns ebenfalls in den Wahnsinn getrieben, es hätte andere (nicht unbedingt weniger) Erfolge zu feiern gegeben und andere (nicht zwingend mehr) Niederlagen zu betrauern.

Wir waren, wie Rabeneltern so sind, wild entschlossen, unseren Kinder die bestmögliche Bildung zu verschaffen, so viele Türen wie möglich aufzustoßen und ihnen den einen oder anderen steinigen Weg zu ebnen. Wir haben vieles und hätten so ziemlich alles dafür getan. Nur eines garantiert nicht: Wir haben und hätten von uns aus nicht mit Glückspillen nachgeholfen. Unter gar keinen Umständen. Außer für den Fall, dass es medizinisch wirklich angezeigt gewesen wäre. Dann hätten wir uns selbstverständlich auf eine entsprechende Medikation eingelassen – auch mit Psychopharmaka. Aber die Notwendigkeit hätte man uns schon ganz genau und überzeugend erklären müssen, darauf hätten wir bestanden.

Jedes unserer Drei hatte seine verträumten Phasen, Zeiten mentaler Abwesenheit, in denen sie oder er noch nicht einmal einen Kanonenschuss wahrgenommen hätte. Von Zeit zu Zeit war jedes unserer Kinder auch mal so unter Strom, so hibbelig, so rastlos, dass wir uns überlegen mussten: Wie kriegen wir sie, wie kriegen wir ihn wieder runter? Aber das hat sich alles wieder gegeben – auch ohne ärztliche Eingriffe. Alle drei hatten ihre gesundheitlichen Baustellen. ADHS und Artverwandte gehörten nicht dazu.

Ausgangs der 1980er Jahre waren wir nicht mehr länger nur ein verliebtes Rabenpärchen, sondern erstmals ein Rabenelternpaar, und da sperrt man natürlich die Augen auf und schärft die Sensoren für alles, was den Nachwuchs betrifft. Den schon vorhandenen – und den potentiellen. Damals kam bei Kindern gerade die Verschreibung von Ritalin und wirkstoffgleichen Stimulanzien so richtig in Fahrt. Bis 2009, also binnen ca. 20 Jahren, stiegen die Verordnungszahlen in der Altersgruppe zwischen 3 und 17 Jahren um das 184-fache (!) an. Immer häufiger wurde bei Kindern ADHS diagnostiziert, also eine "Aufmerksamkeitsdefizit-/Hyperaktivitätsstörung".
Dabei haben die Fachverbände der Kinder- und Jugendärzte (und die Arbeitsgemeinschaft ADHS in ihrer Patientenleitlinie) deutlich und ausführlich gefordert, dass die Krankheit bei Diagnosestellung klar abgegrenzt werden muss von ganz anderen Störungen und Krankheiten. Angstzustände, Unruhe, Konzentrationsprobleme, Schlafstörungen, mangelnde Impulskontrolle – all das kann eine Fülle anderer Ursachen haben als nur und ausgerechnet ADHS. Womöglich sieht das Kind nur schlecht, bekommt deshalb nur die Hälfte mit, macht deshalb den Klassenkasper, und dann wäre ihm mit einer Brille besser geholfen als mit Psychopharmaka, um nur ein extremes Beispiel zu nennen.

Auffällig und nicht wirklich nachvollziehbar war und ist für uns Rabeneltern auch, dass dreimal mehr Jungen als Mädchen ADHS bescheinigt wird, und dass entsprechend auch dreimal mehr Jungen als Mädchen mit Ritalin & Co. behandelt werden. Wobei das Medikament ja zweifelsfrei bei den meisten behandelten Kindern wie erwünscht wirkt. So gut, dass Teenager schon mal gern die Dosis eigenmächtig steigern – oder dass sie mit anderen Wirkstoffen zu experimentieren beginnen. Wie man aus den USA hört, wird dort Ritalin dort zum Teil als Amphetamin-Ersatz geschnupft. Unter Studierenden an europäischen Hochschulen gilt das Medikament als Lern-Turbo (obwohl eigentlich allen, die bis drei zählen können, klar sein müsste, dass auch das seinen gesundheitlichen Preis kostet).

Worauf wollen wir hinaus? Wir gestehen freimütig: Wir waren und sind eher skeptisch, was die Behandlung von Kindern und Heranwachsenden mit Stimmungsaufhellern oder auch mit Stimmungsdämpfern betrifft. Dabei sind Rabeneltern wie wir in der Regel durchaus wissenschaftsaffin. Aber zugleich sind wir wach für soziale und politische Fragen. Missstände im Schulwesen bekommt man nach unserer Überzeugung nicht mit Psychopharmaka hingebogen. Pillen richten auch nur wenig gegen katastrophale Familienverhältnisse und gegen psychosoziale Schwierigkeiten aus. Kinder sollen Kinder sein dürfen. Energiegeladene Jungs und Mädchen sollen ihren überbordenden Bewegungsdrang ausleben können, brauchen Freiräume und Anregungen, wo sie ihre Begeisterungsfähigkeit einbringen und ihre Experimentierfreude ausleben können. Eher in sich gekehrte, stille Kinder finden garantiert auch Felder, wo sie aufblühen und aus sich herausgehen können.

Wir Rabeneltern haben das auf unterschiedlichste Weise zu gewährleisten versucht. Beispiele dafür gibt's im folgenden, zweiten Teil dieses Rechenschaftsberichts. Ein paar unserer Methoden und Herangehensweisen sind mittlerweile möglicherweise völlig überholt, erscheinen abwegig oder in heutigem Licht betrachtet ganz und gar fragwürdig. Aber vielleicht kann die eine oder der andere ja doch davon profitieren – und sei es in der eindeutigen Abgrenzung von dem, was wir praktiziert und wie wir das getan haben. Oder auch, indem man das schiere Gegenteil versucht.

Was haben wir unseren Kindern zugemutet?

Kein dies, kein das, und jenes erst recht nicht: Wir haben unseren drei Sprösslingen eine Menge und noch viel mehr Ungenanntes vorenthalten, haben es ihnen verweigert, abgeschlagen, von ihnen ferngehalten. Oft in dem guten Glauben, wir täten ihnen damit einen Gefallen und sie würden uns womöglich eines Tages dafür noch dankbar sein. Aber das heißt natürlich noch lange nicht, dass wir keine Ansprüche an sie gehabt hätten.

Rabeneltern sind gut darin, das eine zu lassen, auf das andere aber nicht zu verzichten. Und so haben wir unsere Kinder einerseits mit der strengen Spaß- und Entertainment- und Nice-to-have-Diät auf Trab gehalten – wir haben sie aber zur selben Zeit mit unmenschlichen Ansprüchen traktiert. Wir haben zwar konsequent zu verhindern gewusst, dass andere Experimente an unseren Kindern vorgenommen haben. Uns selbst haben wir das aber sehr wohl gestattet. Wir haben das (später *die*, Mehrzahl) Kinderzimmer als Labor für unsere sicher nicht einwandfreien, womöglich sogar verwerflichen Menschenversuche genutzt. Es erstaunt uns ja selbst, dass die drei Objekte unserer Erziehung das zum einen in überraschend guter Verfassung überstanden, zum andern in mancher Hinsicht anscheinend sogar genossen haben.

Auch dafür wie angekündigt ein paar Beispiele, zufällig herausgegriffen aus dem Horrorkabinett unserer Bemühungen:

Zwei Wochen allein gelassen

Wir haben unsere Kinder 1994 für zwei Wochen doch tatsächlich **allein gelassen**. Nicht unversorgt, es war schon jemand da. Aber wir waren halt mal für vierzehn Tage weg. Da war die Jüngste gerade mal ein Jahr alt, die Älteste fünf. Massive Traumata und Verlustängste sind interessanterweise nicht aufgetreten – es geht allerdings das Gerücht um, eine der Großmütter habe es nach einigen Tagen bereut, dass sie bereitwillig die Betreuung der lieben Kleinen zugesagt und übernommen hatte.

Und was haben wir währenddessen getan? Wir sind um die halbe Welt gejettet, haben New York City erkundet, haben uns ein unerwartet lauschiges und privates Plätzchen mitten in Downtown Manhattan aufschließen lassen (den Gramercy Park – eine winzige grüne Oase am südlichen Ende der Lexington Avenue/Ecke 21. Street East), haben an der Chesapeake Bay blaue Krabben begutachtet (aber nicht verkostet) und wurden in Washington, D.C. an der National Mall Zeugen einer schier endlosen Parade von bullig blubbernden Harley-Davidson-Bikes. – Das war für uns als Rabenelternpaar der erste Urlaub ohne Anhang seit fünf Jahren. Wir haben es genossen. Und weil das alles in einem Äon und in einer Welt noch ohne flächendeckend verfügbares Internet, ohne Skype und ohne Telefon-Flatrate stattfand, haben wir uns selbst tägliche Kontrollanrufe in der Heimat verkniffen – ein kurzes Telefonat nach erfolgter sicherer Landung in New Yorks internationalem Flughafen JFK musste reichen.

Unsere drei Fragezeichen ??? waren zeitgleich der Fürsorge von Oma, Patentante und Großtanten anvertraut. Haben sie ordentlich auf Trab gehalten, haben die Nahrungsmittelvorräte dezimiert und die Nerven der Aufsichtspersonen strapaziert. Und haben uns offenbar noch nicht einmal sonderlich vermisst. Es gibt Beweisfotos aus jener Zeit. Sie zeigen drei fröhlich und harmonisch miteinander spielende kleine Menschenkinder in einladendem Gartengrün.

Was für Traumata diese wochenlange Trennung von uns Rabeneltern freilich unter der Oberfläche hinterlassen hat, welche Spätfolgen diese einschneidenden Verlusterfahrungen in den Köpfen der damals noch kleinen Wesen gezeitigt haben, da können wir nur spekulieren. Das machen wir nur ungern, also überlassen wir es lieber anderen, die in dieser Sache viel kundiger und viel verantwortungsbewusster sind als wir.

Mit Büchern traktiert

Eine zweite, unverzeihliche Zumutung: Wir haben unseren Kindern **vorgelesen!** Regelmäßig. Nicht nur eingebettet in den Rahmen von archaischen Einschlafritualen (Kuscheln, Knuddeln, Durchkitzeln oder auch nicht, Schlaflied singen, Nachtgebet), sondern auch zwischendurch, wenn sie danach von sich aus verlangt (!) haben – oder wenn ihnen oder uns danach war – oder wenn gerade ein druckfrisches oder zumindest für uns oder die drei Erziehungsobjekte neues Buch zur Hand war, bebildert oder nicht.

Wir sind uns sehr bewusst, dass es unentschuldbar ist, wenn sich Erwachsene ein paar Minütchen Zeit nehmen für derart zweifelhafte Übungen – und damit für die Kinder. Wo es doch so viel Wichtigeres zu tun gibt. Und wo man die lieben Kleinen doch auch mit Hilfe von KiKa und Netflix und dem Disney Channel ruhigstellen könnte. Aber wie oben geschildert, haben wir ihnen das perfiderweise verweigert. Zwar nicht immer, aber meistens.

Stattdessen: Bücher. Schnöde, altmodische Druckerzeugnisse. Angefangen bei reinen Bilderbüchern. Bunte Illustrationen auf dicker Pappe schon für die Kleinsten, die ja bekanntlich nach allem greifen, auch wenn sie es noch gar nicht scharf sehen können, und denen jedes Verständnis dafür abgeht, wenn die Rabenmutter oder der Rabenvater oder sonst eine rätselhafte unbekannte Person im Raum auf ein knallgelbes Etwas auf so einer Papptafel deutet, dazu überdeutliche Laute formt und "BALL" sagt. Das hat ja noch nicht einmal etwas mit Vorlesen zu tun, eher mit Vorführen. Und viel interessanter wäre es doch, die Pappe mal einzuspeicheln und herauszufinden, wie das Material schmeckt.

Weiter geht's ein paar Monate später mit ersten bebilderten Geschichten. Wie heißen die Werke heutzutage: "Mein erstes Buch zum Fühlen, Spielen und Schauen" oder "Mein erstes Guckloch-Buch" oder "Meine ersten Fingerspiele – Einschlafen mit Bildern und Reimen."

Für Kinder ab einem Jahr aufwärts gibt's schon ein ganzes Sortiment von Bilderbüchern – zumeist ganz viel Bild, noch kaum Text, aber das ist vermutlich so gewollt. Die Zwerge sollen schon reagieren, sollen sich einen Reim machen auf das, was sie da in den Illustrationen erkennen. Und sollen das auch in Worte fassen. Sollen es wenigstens versuchen. Das heißt: Da geht es schon mindestens so sehr ums Sprechen wie ums aufmerksame Zuhören. Zugleich fängt es hier aber auch bereits an mit Geschichten, da muss der oder die Lesekundige dem hoffentlich aufnahmebereiten Kind eine ganze Menge erklären. Und da wird das Kind geradezu provoziert zu fragen. Wahrscheinlich ist auch das bezweckt.

Offensichtlich gibt es Menschen auf diesem Globus, die halten es für sinnvoll, dass Kinder 1. überhaupt sprechen lernen, 2. richtig sprechen lernen, 3. irgendwann dann auch lesen lernen. Wer lesen kann, ist klar im Vorteil: das ist keine Einzelmeinung, das müssen eine ganze Menge Menschen sein, die diese Überzeugung teilen. Deshalb gibt es allein in Deutschland eine ganze Reihe Initiativen und Zweckbündnisse, die sich Sprachförderung und Leseförderung auf die Fahnen geschrieben haben. Allen voran die *Stiftung Lesen*.

Wir Rabeneltern sind in dieser Sache nicht wirklich neutral. Die Rabenmutter als gelernte Buchhändlerin muss ja vom Medium Buch überzeugt sein, und der Rabenvater als Medienschaffender lebt letztlich auch davon. Andererseits ist das mit dem Spracherwerb und mit dem Vorlesen und irgendwann Selber-lesen-Können für uns kein Selbstzweck. Wir bilden uns doch tatsächlich ein, wir hätten beide persönlich davon profitiert, dass wir – ganz unabhängig voneinander – die Welt des Lesens für uns entdeckt haben.

Wir sind also auf einer Mission. Wir glauben wirklich daran, dass die Menschheit etwas davon hat, wenn jede und jeder lesen kann – und wenn jede und jeder Zugang zu Büchern hat. Mehrzahl. Am besten zu einem ganzen Bücherkosmos. Als Überzeugungstäterin und – Täter können wir unseren eigenen Nachwuchs davon natürlich nicht ausnehmen, das wäre unglaubwürdig. Also haben die drei das volle Programm abbekommen:

Vorlesen, erst kurze, in sich abgeschlossene Geschichten, nicht erst bei der *Kleinen Raupe Nimmersatt* angefangen, aber die gehört natürlich auch dazu. Dann Episoden aus einem größeren Zusammenhang. dann Fortsetzungsgeschichten und erste komplette Bücher.

Bücher für Erstleser, kaum dass unsere Sprösslinge die ersten Buchstaben zu Wörtern zusammensetzen und identifizieren konnten.

Bücher für jedes Alter – wobei die Verlage entsprechende Empfehlungen zumeist gut erkennbar auf dem Buchrücken oder auf der Umschlagseite machen. Für Kinder von 6-8, von 9-11, von 12-14 – manche Verlage ziehen die Altersgrenzen etwas anders. Unseren Sprösslingen haben wir schon eine gewisse Urteilskraft unterstellt. Wenn sie also nach Büchern

Alles falsch gemacht – Geständnisse zweier Rabeneltern

gegriffen haben, die den Verlagen zufolge altersmäßig eine Etage höher angesiedelt waren, dann haben wir ihnen die Werke nicht entrissen. Sondern haben darauf vertraut, dass sie schon selbst merken, wenn etwas noch zu kompliziert für sie ist – oder wenn sie noch keinen Zugang zu einem Thema oder einer Geschichte finden. Wir haben nur selten den Angaben der Verlage blind vertraut, sondern haben, wo es ging, auch mal selbst die Nase ins Buch gesteckt. Auf jeden Fall haben wir uns, wo vorhanden, den Klappentext und die Auskünfte zum Autor oder zur Autorin zu Gemüte geführt. Wir bilden uns ein, dass wir dadurch unseren lesehungrigen Kindern die eine oder andere schmerzliche Enttäuschung erspart haben. Denn es gibt auf dem Buchmarkt neben viel Lesens- und Empfehlenswertem auch eine Menge halbgares, albernes und nicht wirklich lesbares Zeug. Schlecht konstruierte Geschichten. Unglaubwürdige Charaktere. Pseudopädagogische Lehrstücke, wo man in jedem zweiten Satz die Absicht des Verfassers, der Verfasserin wittert. Was schon uns als Erwachsenen auf den Wecker ging, das erschien uns für die Jungvögel im Rabennest auch nicht geeignet.

Bücher für Jungs, Bücher für Mädchen – wobei sich zumindest unsere Kinder um solche Unterscheidungen wenig geschert haben. Sie haben alles verschlungen, was ihnen in die Finger kam. Es ging uns auch überhaupt nicht um die Zuschreibung von Geschlechterrollen. Jungen und Mädchen sind zunächst einmal Kinder. Aber es gibt eben nicht nur unzweifelhaft den kleinen, feinen biologischen Unterschied, es gibt auch unterschiedliche Blickwinkel. Jungen und Mädchen erleben sich selbst und die Welt um sie herum nicht immer zu 100 % gleich, und das ist unserer Beobachtung nach kein Schaden und nichts, was man glattbügeln müsste. Also hat unser Sohn im Pre-Teen-Alter Bücher aus der Reihe *Für Mädchen verboten* gelesen, und für unsere Töchter im selben Alter gab's entsprechend die Reihe *Freche Mädchen – freche Bücher*. Die Bücher der einen wie der anderen Sorte wurden geschwisterintern aber auch fröhlich getauscht.

Wir haben es nicht gewusst, nur geahnt, dass unsere Drei ihre jeweils eigene Identität letztlich selbst finden würden. Wir konnten und wollten dabei durchaus helfen, und wir waren uns darin einig, dass es grundverkehrt wäre, die soziale, gesellschaftliche und kulturelle Wirklichkeit dabei auszublenden. Haben deshalb die Lektüre unserer Kinder nicht durchgegendert – den Begriff gab es eh noch nicht. Aber was es in der Welt der Bücher schon seit eh und je gab und bis heute gibt, im Kinderland sowieso, das sind Heldinnen und Helden und Figuren, die Rollenklischees durchbrechen und denen gesellschaftliche Zuschreibungen – auch geschlechtliche – schnuppe sind. Pippi Langstrumpf zum Beispiel, oder der kleine Prinz.

Andererseits gibt es im selben Bücherkosmos auch das schiere Gegenteil: Michel aus Lönneberga ist ein so archetypischer Lausbub, der funktioniert als literarische Gestalt auch nur so. Lässt sich nicht geschlechtsneutral zeichnen. Genauso wenig wie in *Frozen* die Eisprinzessin Elsa und ihre Schwester Anna. Die sind wie ihr 180 Jahre altes Vorbild in Hans Christan Andersens Märchen *Die Schneekönigin* nun einmal idealtypische Mädchen. Erst recht trifft man in der boomenden Fantasy-Literatur auf Unmengen klischeehaft überzeichneter Männer- und Frauengestalten (neben androgyn auftretenden Gestalten, die nicht weniger klischeehaft gezeichnet sind). Hat das unsere Kinder als Heranwachsende angefochten, hat es sie davon abgehalten, Bücher dieses Typs zu verschlingen und sich ihr Teil dazu zu denken? Natürlich nicht.

Sachbücher – Wir haben unsere Kinder als überaus neugierige und wissenshungrige Wesen erlebt. Was macht die Feuerwehr, und womit ist sie ausgerüstet? Was für Tiere gibt es im Wald, und wovon ernähren sie sich, und wie sieht die Kinderstube eines Siebenschläfers aus? Wie funktioniert eine Raumstation? Wie kommt man dahin? Wer waren die Römer, und warum stehen überall in Europa noch Bauwerke von ihnen herum? Warum nennen sich die Indianer heute *First Nations*, und haben ihre Vorfahren wirklich so gelebt, wie man es in Filmen auf DVD und YouTube sieht? Warum haben Dackel so kurze Beine? Wofür ist das gut? War das immer schon so?

Man kann heutzutage natürlich die Maus fragen; beim Westdeutschen Rundfunk gibt es eine eigene Redaktion, die unter der Adresse *wdrmaus.de* neugierige Kinderfragen beantwortet. Man kann aber auch in einem Buch nach der Antwort suchen, und womöglich findet man sogar ganz viele Antworten – und ganz viele Bücher, die solche und ähnliche Fragen behandeln. Es gibt bestimmt Kinder, die sind mit *einer* Antwort auf *eine* konkrete Frage zufrieden. Unsere waren in einem gewissen Alter unersättlich, ihr Wissensdurst schier unstillbar. Und das hält unserer unmaßgeblichen Erfahrung nach oft auch dann noch an, wenn man längst erwachsen ist.

Abenteuer – Unsere drei Früchtchen hatten ja selbst das Abenteurer*innen-Gen abbekommen; wir rätseln noch, aus welcher verwandtschaftlichen Linie – da kommt sowohl die rabenmütterliche wie die rabenväterliche Ahnenreihe in Frage. Deshalb ist es kein Wunder, dass sie von klein auf nach Abenteuergeschichten gierten. Historische, tatsächlich erlebte oder frei erfundene wie die *Narnia*-Geschichten von C. S. Lewis. Klassiker der Antike (wie die *Irrfahrten des Odysseus*, natürlich in moderner Bearbeitung) oder der Moderne (wie Mark Twains *Abenteuer des Huckleberry Finn*). Stories wie etwa die von Cornelia Funke. Natürlich Joane K. Rowlings *Harry Potter,* bei unserer Jüngsten musste es die englische Originalfassung sein. Natürlich auch der *Hobbit* und der *Herr der Ringe*. Letzteren hat unser Sohn buchstäblich auswendig gelernt. Die komplette dreibändige Klett-Cotta-Ausgabe. Wann immer in der Folgezeit mal Lernerfolge ausblieben – Zweifel an seiner Gedächtnisleistung hatten wir nie; da war offensichtlich eine Menge Platz im Kopf. Immer auch für frisches Lesefutter.

Geschadet hat das viele Lesen offensichtlich keiner und keinem von den Dreien. Zweifellos hat es auch ihre Phantasie angeregt. Wer liest, muss sich die Welten ja erst mal selbst vorstellen, die sich da vor dem geistigen Auge entfalten. Und wenn man erst einmal so weit ist, kann man die Geschichte auch selbst weiterdenken. Unserer Jüngsten ist beim Spielen mit ihren Freundinnen aufgefallen: manche haben nur nachgespielt, was sie sich vorher in einem Comic-Heft angeschaut hatten. Ihr selbst fielen stets auch neue Szenarien ein.

Die Geschmäcker sind verschieden, das betrifft auch die Leseinteressen. Unsere Erstgeborene hat die

Fantasy-Arena eher gemieden, hat dafür als Jugendliche historische Romane für sich entdeckt, hat entsprechend in der Bücherei nach Werken von Rainer M. Schröder und anderen History-Autorinnen und -Autoren gegriffen. Die kamen auch bei unserer Jüngsten gut an, aber bei ihr durfte es gern auch ein Schuss Fantasy sein. Sie hat mit Begeisterung Kay Meyer gelesen, zum Beispiel die *Wellenläufer*-Trilogie. Stephenie Meyers Blutsauger-Epen hat sie sich nur angetan, um zu begreifen, warum die Kameradinnen so davon schwärmten. Später dann lagen Philip Pullmans *Goldener Kompass* und die nachfolgenden Bände auf dem Nachttisch. Noch später dann *Game of Thrones* im (englischsprachigen) Original. – Unser Sohn konnte von T.A. Baron nicht genug bekommen, den Anfang machte die mehr-teilige *Merlin*-Saga. Irgendwann stieß er auf die *Scheibenwelt*-Romane von Terry Pratchett. Und ebenfalls auf George R. R. Martin – schon lange bevor *Game of Thrones* verfilmt wurde.

Alle drei unserer Kinder haben früh begriffen, dass man Bücher noch nicht einmal selbst besitzen oder im Regal haben muss, solange man Zugang zu einer öffentlichen Bücherei hat. Der Büchereiausweis ist wie der Schlüssel zu einer Schatzkammer. Die gedruckten Schätze gilt es einfach nur zu heben. Ein Buch nach dem anderen.

Zeitschriften für Kinder – als dieses Thema für uns spannend wurde, war die früher einmal bunte Vielfalt an Titeln für Kinder bereits ziemlich ausgedünnt. Überlebt hatten immerhin einzelne traditionsreiche Blätter. Manche erscheinen bis heute im Druck, und das sind auch die Zeitschriften, die wir unseren Sprösslingen ab und zu am Kiosk gekauft haben.

Manche auch zeitweise abonniert: *Benni* (für Kinder ab 7), *Stafette* (ab 9), *GEOlino*, gelegentlich mal eine Ausgabe von Pferdezeitschriften wie *Wendy* oder *Lissy* oder – auch sehr populär bei vielen Kindern, nicht nur bei Mädchen – der *Tierfreund*. Heißt trotz generischem Maskulinum heute noch so und hat sich im Erscheinungsbild und Inhalt kaum verändert. – Eine Zeitschrift für kleine Kinder hat erst vor Kurzem aufgegeben: Der *Spatz* – für 4- bis 7-Jährige und ihre Eltern. Wenigstens die Website existiert noch, und dort kann man Beiträge und Materialien der Hefte der letzten Jahre noch abrufen – Artikel für Eltern, Rezepte, Bastelbögen.

Soviel fürs Erste zum Thema Lesen. Sie merken: Wir schreiben der Fähigkeit und der Praxis Wunderdinge zu. Wir können natürlich nicht abstreiten, dass es auch Wenigleser und selbst funktionelle Analphabeten weit bringen können im Leben. Aber wir beharren starrsinnig auf unserer Überzeugung, dass Lesen können nicht nur eine nützliche Kulturtechnik ist (das auch). Sondern auch ein Schlüssel zum Glück, ein bewährtes Mittel gegen Langeweile, Trübsinn und Fernweh (oder – ganz nach Wunsch – ein Mittel, um genau dieses Fernweh erst zu wecken). Und wir wissen aus eigener Erfahrung, dass Erzählungen und Romane ein erschwingliches Surrogat für ungleich teurere, unerreichbare Vergnügungen sein können. Dass wir unseren Kindern das eingetrichtert, eingehämmert, eingeredet haben, das hat gewiss unabsehbare Folgen. In diesem Punkt bekennen wir uns schuldig. Genau wie im nächsten.

Alles falsch gemacht – Geständnisse zweier Rabeneltern

Feuerwerk auf die Ohren

Wir haben unsere Sprösslinge von klein auf mit Hörspielen traktiert. Zur Grundausstattung im Kinderzimmer gehörte vom dritten Lebensjahr an ein Cassettenrecorder, später ein CD-Spieler. Man könnte sagen: Wir Rabeneltern waren unserer Zeit um 20 Jahre voraus. Wir haben den mittlerweile bestens untersuchten und auch wissenschaftlich belegten *Audible Turn*, haben die Hinwendung zum Hörbaren vorweggenommen – und haben das auch unserem Nachwuchs abverlangt.

Wie sind wir darauf gekommen? Vermutlich lag es daran, dass wir selbst als Kinder einem steten Bombardement durch *Europa*-Hörspielplatten ausgesetzt waren. Das hat in uns einen bleibenden Eindruck, man ist versucht zu sagen Schaden, hinterlassen. Was kann man auch anderes erwarten, wenn Grimms Märchen oder Geschichten aus Tausend und einer Nacht in dramatisierter Form mit verteilten Rollen und eindrücklichen Stimmen inszeniert werden? Verharmloste Tierquälerei (im *Froschkönig* wird doch tatsächlich eine Amphibie an die Wand geworfen!), Gewaltphantasien (in *Hänsel und Gretel* wandert die Hexe in den Ofen, beim *Wolf* und den *sieben Geißlein* wird schwere Körperverletzung mit Todesfolge zelebriert); selbst Massenmord lässt sich im Hörspiel nett inszenieren (bei *Ali Baba* und den *40 Räuber*n hauchen letztere ihr Leben in siedend heißen Öl aus).

Die Schallplatten gab es noch, nur der Plattenspieler wollte nicht mehr. Das hat uns mehr gestört als die Tatsache, dass der erzieherische Nutzen solcher aggressionsgeschwängerten Geschichten inzwischen in Frage gestellt wurde – von der Tiefenpsychologie, von den Erziehungswissenschaften, von Eugen Drewermann und von anderen berufenen oder selbsternannten Anwält*inn*en des Kindeswohls. In jedem Fall mussten wir nach Alternativen Ausschau halten. Die gab es tatsächlich - zunächst in Form von Hörspielcassetten. Aber von den verfügbaren Produktionen hat uns Vieles nicht wirklich überzeugt. Gerade die Kassenschlager der 1980er und frühen 1990er Jahre – *Benjamin Blümchen* und *Bibi Blocksberg* – fanden wir dann doch zu albern. Weniger von der Idee her als vielmehr von der Umsetzung. Dabei stammten die Figuren ja von einer hochdekorierten Autorin – Elfie Donelly hatte schon mit 26 Jahren den Deutschen Jugendliteraturpreis eingeheimst und machte im Schnitt alle zwei Jahre mit einem neuen Kinderbuch auf sich aufmerksam. Beim sprechenden Elefanten *Benjamin Blümchen* war sie allerdings nach 65 Folgen raus, bei der hilfsbereiten blonden Junghexe *Bibi Blocksberg* nach 41 Folgen. Ihren Kreaturen begegneten unsere drei Sprösslinge ganz unvermeidlich in den Kinderzimmern ihrer Freunde. Zeichentrickadaptionen der Stoffe gab's im Fernsehen und auf Video; *Bibi Blocksberg* tauchte außerdem in Computerspielen, auf Spielkonsolen und in Gesellschaftsspielen auf. Man konnte ihr also nicht entkommen.

Aber man konnte ihr etwas gegenüberstellen. Und das waren in unserem Fall *die Drei vom Ast* – eine Eule, ein Eichhörnchen und eine Elster, die gemeinsam die Welt erleben und miteinander durch dick und dünn gehen. Kindgerecht aufbereitete Gedanken über Gott und die Welt, über Gerechtigkeit, Kunst, Mitleid, über die Wahrheit und über das Böse, über Freundschaft, über Feindesliebe und übers Friedenstiften. Dreißig Hörspiele mit mehr als 90 Abenteuern der drei befreundeten Waldbewohner hat der Journalist, Erzähler und Sprachkünstler Eckart zur Nieden produziert, und wir saßen praktisch an der Quelle. Denn der Mann war Kollege und brauchte ständig Sprecherinnen und Sprecher für neue Folgen. Hat so auch dem Rabenvater einen Gastauftritt von wenigen Sekunden in einer der Hörspielfolgen verschafft.

Die Audiocassetten orgelten oft den lieben langen Tag, *unsere* Drei konnten die einzelnen Szenen nach kurzer Zeit auswendig, und auch die Lieder zu den jeweiligen Folgen hatten Ohrwurmqualität. Beziehungsweise haben: Zwar sind die Cassetten samt und sonders zu Bandsalat mutiert, und die Abspielgeräte haben auch längst den Geist aufgegeben. Aber auf CD werden die Geschichten immer wieder aufgelegt. In der *Drei vom Ast*-Hörspiel-Sammelbox sind alle 92 Geschichten versammelt. 21 Stunden Spieldauer, das reicht selbst für ausgedehnte Familien-Fernreisen.

Neben und nach den *Drei vom Ast* kam *Ole, der Pirat* – auch von Eckart zur Nieden. Es gab und gibt von Hanno Herzler die Jugendfußball-Reihe *Andi Latte*. Es gab und gibt den *Schlunz* von Harry Voss – den auch verfilmt. Ansprechend produzierte Hörspiele für Kinder und für Teenager gibt es heute in ungleich größerer Auswahl als zu der Zeit, als wir sie hätten gut gebrauchen können. In den Verlagen der *Stiftung Christliche Medien* (*SCM*) ist mittlerweile geballte Kinderhörspielkompetenz versammelt. Noch frischer und innovativer kommen die Hörspiele aus der *tos hörfabrik* daher.

Nicht alles, aber vieles überzeugt auch uns. Und warum lag und liegt uns so viel daran, dass nicht nur unser Nachwuchs, sondern auch der anderer Leute mit guten Hörspielen versorgt wird? Nun, wir können es nicht so formvollendet ausdrücken wie Hans Knobloch und Bernt von zur Mühlen in der *Frankfur-*

ter Allgemeinen Zeitung, aber wir haben es geahnt und können es unterschreiben: "So wie der Hörsinn uns half, uns rechtzeitig vor dem Säbelzahntiger in Sicherheit zu bringen [...], so ist das Hören auch Voraussetzung für die soziale und kommunikative Natur des Menschen."[1] Gut gebrüllt, Tiger!

---

[1] "Audible Turn – Wer nicht hören will, muss weitersehen," FAZ 20.5.2018

Konfrontation mit der maroden Außenwelt

Als sie noch klein waren, haben wir unseren Kindern allen Ernstes nicht nur erlaubt, sondern sie sogar dazu *ermutigt,* zu matschen, buchstäblich im Dreck zu wühlen – oder im Sand - oder im Grünstreifen rechts oder links des Spazierwegs (von wegen grün: "Braunstreifen" oder "Graustreifen" wäre in vielen Fällen die treffendere Bezeichnung gewesen, aber die gibt es laut Duden nicht). Kurzum: wir haben unsere Kinder angestiftet, sich mit der gefährlichen, hochkontaminierten Umwelt zu befassen. Sich schmutzig machen ist dabei fast unvermeidlich. Aber das hat uns nicht gejuckt, denn unsere verwerfliche Haltung dazu war: Wozu gibt es Waschmaschinen? Also rein ins Vergnügen (wobei „rein" nichts mit sauber zu tun hat) – und hinterher nicht an Wasser und Seife sparen.

Das belastet, wie wir heute wissen, die Umwelt und ist deshalb auch schon wieder verabscheuenswürdig. Aber wir wären mit unseren beschränkten Rabenelterngehirnen nie auf die Idee gekommen, unsere Kinder im Haus einzusperren und ihnen den Kontakt mit Grashalm und Grashüpfer, mit Erdboden und Regenwurm, mit Pfütze und Mückenlarve und Pantoffeltierchen und anderen Mikroben zu verbieten. Wir waren stets der verwegenen Meinung, dass die haptische Erkundung der Umwelt irgendwie wichtig sein könnte für die Entwicklung der lieben Kleinen. Unsere Kurzschlusslogik sagte uns auch, dass der Zusammenprall mit diesem Teil der Wirklichkeit so oder so erfolgen würde – spätestens im Kindergarten oder in unbeobachteten Augenblicken auf den Spielplätzen unseres Wohnortes.

Verantwortungslose Erziehungsratgeber haben uns seinerzeit sogar darin bestärkt. Sie haben uns allen Ernstes eingeflüstert, dass das Immunsystem von Kindern sich nicht unter der Sagrotandusche entwickelt, sondern in der Konfrontation mit Alltagskeimen aller Art und Unart. Darf man das heute noch vertreten, oder ruft das sofort das Jugendamt auf den Plan? Wie auch immer: Wir würden jederzeit wieder tun, was wir damals gemacht haben. Und wir freuen uns heute noch, wenn unsere längst flügge gewordenen Abkömmlinge mit Ton und Lehm und Pflanzerde hantieren, wenn sie barfuß im Gras, auf Sand und Kies unterwegs sind und nicht gleich schreiend davonrennen, nur weil etwas summt oder brummt oder krabbelt, keimt oder wuchert oder Schleim absondert. Die Konfrontation mit der Außenwelt, wie sie ist, hat im Einzelfall sogar bei der Berufswahl geholfen. Was uns in unserer Haltung nur bestätigt.

Holzklötze und Grundbausteine

Die Zahl unterschiedlichster Gattungen von Spielzeug für Kinder jeden Alters ist Legion, und auch unser(e) Kinderzimmer war(en) nicht gerade ärmlich bestückt mit Spielgerät. Das große Aber: Pädagogischer Wert war uns Rabeneltern wichtiger als pling-pling. Und da haben wir uns auch nicht von wohlklingenden Versprechungen der Herstellerfirmen blenden lassen, die Praxis musste uns überzeugen. Vom Spielwert ganz speziell auf winzige Zielgruppen innerhalb des Kindesalters zugespitzter Artikel waren wir nicht so rasch zu überzeugen. Die Legoland-Polizeiwache 6386 funkionierte nur deshalb so gut, weil es drumherum bereits eine ganze Welt aus Myriaden von Grundbausteinen gab. 4 x 2 Knöpfe, begrenzte Farbauswahl: hauptsächlich weiß und rot, ein wenig blau und gelb, ganz vereinzelt schwarz. Manche der Steine waren bereits von archäologischem Interesse – sie müssen aus den späten 1960er Jahren stammen, vermutlich hat schon der Rabenvater mit ihnen experimentiert.

Wir wussten aus eigener Erfahrung, dass Spielwelten nicht im Herstellerkatalog entstehen, sondern im Kopf. Und wir haben alles dafür getan, dass unsere Sprösslinge ebenfalls derartige transzendente Erfahrungen machen konnten. Das ging damit einher, dass wir ihnen den begrenzten Wert von Bauanleitungen klar gemacht haben. Ist ja nett, wenn man die zwei, drei vorgeschlagenen Varianten exakt nachbauen kann. Aber spannend wird es doch erst, wenn die kleinen Konstrukteurinnen und Konstrukteure entdecken: Da gibt es ja eine schwarze Platte mit 2 x 12 Knöpfen! Die hat uns noch gefehlt; mit der können wir endlich Projekt X verwirklichen... – und dann ergibt sich eines aus dem anderen. – Was auch dazugehört, natürlich: Die Bestände wieder sortenrein auseinander sortieren. Das wird, je länger man damit wartet, immer komplizierter. Aber dieser Erkenntnisschritt würde noch früh genug kommen, also sind wir nicht immer dazwischen gefahren, sondern haben uns beschränkt auf die Forderung, dass der Spielteppich zwischendurch wieder begehbar sein muss. Das kann man uns auch schon wieder ankreiden.

Legosteine sind aus Hartplastik. Genauer: aus Acrylnitril-Butadien-Styrol-Copolymere (ABS), und das ist lebensmittelecht, geschmackfrei und säurefest, sollte also auch keine Schadstoffe freisetzen, wenn so ein Bausteinchen mal verschluckt wird – ob versehentlich oder absichtlich. Bedenken hatten wir in dieser Hinsicht keine, aber natürlich haben wir es nicht darauf ankommen lassen. Wir sind uns bewusst, dass andere Mütter und Väter das völlig anders sehen. Bei denen ist dann vermutlich auch die Zahnpastatube aus biologisch abbaubarem Kunststoff und wird mit einem Wachspfropfen verschlossen, denn Schraubdeckel aus herkömmlichem Plastik sind ja pfui. Und für deren Kinder kommt auch nur Spielzeug aus naturbelassenem Holz in Frage – unlackiert, ungebeizt.

So puristisch waren wir nicht. Jedenfalls nicht ganz. Den Wert von schlichten Holzklötzen – den kannten wir durchaus. Das Manko dieser bis in die Antike zurück verfolgbaren Sorte Spielzeug ebenfalls: Man hat grundsätzlich immer zu wenig davon; anders als bei Klemmbausteinen wie Lego oder bei Systemspielzeug wie Fischer Technik bekommt man die Teile auch nicht dauerhaft verbunden. So taugen sie nur für flüchtige, leicht vergängliche Schöpfungen. Es sei denn, die Klötze wären so massiv, dass die schiere Schwerkraft sie an Ort und Stelle hält. Gibt's nicht? Gibt es sehr wohl. Und nun hatten wir das unverdiente Glück, dass Freunde in einer Gemeinschaft leben, die unter anderem Spielgeräte für Kindergärten fertigt.[2] Im Sortiment: Maßhaltige Einheitsbausteine aus sauber gefastem Birkenholz mit abgerundeten Kanten, der Grundstein 14 x 7 x 3,5 cm groß. Gibt's auch in doppelter und vierfacher Länge, abgeschrägt, als Teilbogen. Groß und schwer genug für stabile Bauwerke, Rampen und dergleichen. Unzerstörbar, sofern man nicht schweres Gerät auffährt – Säge, Bohrer, Flammenwerfer. Bei einem Besuch brachten unsere Freunde gefühlt einen Zentner dieser Klötze mit – einfach so. Unsere drei Baumeister*innen sind der Verführung sofort erlegen und haben auf der Stelle losgelegt. Einziger Nachteil: Uns wurde bei der Gelegenheit schmerzlich bewusst, dass wir die Kinderzimmer zu klein dimensioniert hatten. Wer Großes schaffen will, braucht Platz.

Nun werden anderer Kinder Eltern vielleicht einwenden: Reicht es nicht, wenn solche Bauwerke im virtuellen Raum entstehen? Es gibt doch mittlerweile auch digitale Anwendungen, zum Beispiel den *Lego Digital Designer*, das verträgt sich doch mit dem Leben in einer Drei-Zimmer-Wohnung viel besser! – Letzteres mag so sein. Wir Rabeneltern sind freilich der Meinung, dass das Führen einer Maus oder eines Joysticks feinmotorisch von Kinderhänden doch eher wenig fordert. Und wir geben uns auch dem Wahn hin, dass es zwischen den intensiv beschäftigten Fingern einerseits und dem präfrontalen Cortex im kindlichen Gehirn andererseits möglicherweise eine

---

2 Community Playthings

Neuronenverknüpfung gibt. Ohne die sinnliche Erfahrung mit den Bauklötzen und –Steinen – ihres Gewichts, ihrer Oberflächenbeschaffenheit, ihrer Haptik – keine Gedankenblitze, keine Erleuchtungen, kein kreatives Feuerwerk. Das war und ist unser – sicher anfechtbares – Credo.

Ab in den Garten

Kein Bedauern bitte: Wir hatten ja nüscht, es mangelte so gut wie immer an Ressourcen. Aber einen seltenen Luxus haben wir uns und unseren drei Jungvögeln dann doch gegönnt: ein eigenes Stück Garten am Haus. Das hat unseren Kindern einerseits gewisse Möglichkeiten erschlossen, das war andererseits unvermeidlich mit Arbeit verbunden – und mit Zumutungen kulinarischer Art. Rasen muss gemäht, Laub zusammen gerecht, Beete müssen geharkt und Unkraut muss gezupft werden. Wir pflanzten im Lauf der Jahre Unmengen von Gemüse an und setzten es unseren Sprösslingen vor. Als Rohkost: Kohlrabi, Möhren, Radieschen. Als Salat, mal mit Bitterstoffen, mal ohne. Gekocht: selbstgezogene Paprika (funktionierte nur gelegentlich), Erbsen, Bohnen. Das alles hat besonders der Rabenmutter Spaß gemacht. Dem Nachwuchs nicht immer. Bei der Jüngsten hat es zu bleibenden Schäden geführt – zeitweise litt sie an einer ausgeprägten Vitaminallergie. Bei unserem Sohn hat es andere Spätfolgen gezeitigt: Der Umgang mit Hacke und Spaten hat einerseits eine gewisse Neugier an Mineralien und Gestein hervorgerufen, andererseits hat es bei ihm ein für uns vollkommen unverständliches Interesse an Metallbearbeitung geweckt.

Ein noch so kleines Stück Garten führt fast unvermeidlich zu Mitbewohnern – erfreulichen, aber auch unerwarteten und unerwünschten. Zur ersten Kategorie gehören (Sing-)Vögel. Rotkehlchen, allerlei Meisen: Kohl-, Blau-, Schwanz-, Haubenmeisen. Zaunkönige. Größere Kaliber: Amseln. Drosseln. Eichelhäher. Elstern. Manche machen richtig Radau, andere auch Dreck. Und viele konkurrieren mit dem

Homo Sapiens um Nahrung. Die zwei, drei Beerensträucher mussten wir regelmäßig gegen dreiste, unwillkommene Mitesser verteidigen. Den Weinstock ebenfalls. – Sechsbeinige Geschöpfe hat der Garten ebenfalls angezogen. Käfer – bunt schillernd oder unscheinbar, gemustert oder nicht, Einzelgänger und solche, die gern im Rudel aufmarschieren. Und ihre Larven gehören natürlich auch dazu. Stechende und saugende Insekten – Schnaken, Kriebelmücken, Wespen, unterschiedlich aggressiv und immer lästig. Wildbienen, Libellen, Schmetterlinge. Nagetiere: Feldmäuse – und Wühlmäuse. Die bei uns waren vermutlich gefährliche Mutanten. Sie haben ihre Gänge selbst durch Schotter und Split geschaufelt, haben Gehwegplatten und Bordsteine unterminiert. Für unsere Kinder war das alles hochinteressant, viel anschaulicher als in *Brehms Tierleben,* spannender als in TV-Dokus, nur nicht so gut planbar.

Andere Kinder ihres jeweiligen Jahrgangs haben sich nie Gedanken darüber machen müssen, ob es ethisch vertretbar ist, eine Wühlmaus mit Gift zu bekämpfen. Anderen wird vermutlich auch nie der Anblick von Mäuseköttel zugemutet. Andere Kinder müssen keine Laubhaufen für den Igel errichten, werden auch nicht zu Erdarbeiten herangezogen, nicht zu Rasenpflegemaßnahmen, nicht zum Beerenpflücken und nicht zum Haselnüsse sammeln. Unsere Kinder schon. Sie mussten sich auch mit der Katze auseinandersetzen, die wir gemeinschaftlich aus dem Tierheim befreit hatten. Mit ihrem Jagdtrieb. Mit ihren unerwarteten Morgengaben: Vogel- und Mäuseleichen an den unmöglichsten Stellen. Mit ihrer Fracht an Zecken, gelegentlich auch an Würmern. Mit der unbegreiflichen und lästigen Tatsache, dass dieses Ausnahmeexemplar von Haustier scheinbar ganzjährig im Fellwechsel begriffen war. Das hätten wir alles einfacher haben, das alles hätten wir unseren Kindern ersparen können. Wollten wir aber nicht.

Mittagessen zuhause

Mit Ronald McDonald haben unsere drei aufstrebenden Menschheitsvertreter*innen lange keine Bekanntschaft gemacht – und später nur flüchtig bei Kindergeburtstagen im Freundeskreis. Das englische Begriffspärchen *Fast Food* haben wir Raberneltern bewusst irreführend als "Kein wirkliches Futter" übersetzt. Und unsere Kinder weitgehend davon ferngehalten.

Stattdessen galt als eherne Regel: Es wird gegessen, was auf den Tisch kommt. Und es kam tatsächlich tagtäglich etwas auf den Tisch. Auch wenn wir die Sehnsucht nach festen gemeinsamen Essenszeiten spätestens nach dem Schulstart aller drei Kinder begraben mussten – zu unterschiedlich waren die Anfangs- und vor allem die Schulschlusszeiten. Und der Rabenvater war ja ohnehin zumeist von der Mittagstafel ausgeschlossen – HomeOffice oder mobiles Arbeiten, vom Arbeitgeber geduldet und sogar gefördert, so etwas gab es so kurz nach der Jahrtausendwende noch nicht.

Aber zumindest die Jungvögel haben regelmäßig am mittäglichen Speisungsprogramm teilgenommen. Von der Rabenmutter zumeist liebevoll, gelegentlich auch mit zorniger Miene und nicht druckfähigen Worten auf den Lippen zubereitet (wenn etwas nicht wie gewünscht geklappt oder allzu hohen Aufwand verursacht hat). Und grundsätzlich genießbar, in vielen Fällen superlecker. Auch wenn das Jungvolk manchmal erst lernen musste, was ein differenziertes Urteil ist. Die Lektion "Nur weil einem der Brokkoli nicht schmeckt, muss man nicht gleich das ganze Gericht verschmähen" geht manchen Kindern eben nicht so leicht die Speiseröhre hinunter.

Was kam auf den Tisch? Alles, was gut und nahrhaft ist, in vielen Fällen sogar nachweislich gesund. Mit gewissen Ausnahmen: Auf Nierchen und Herz und Kalbsbries haben wir kollektiv verzichtet. Alles, was mehr als vier Beine hat, haben wir lieber leben lassen. Genau wie Krustentiere und Muscheln. Mit Rosenkohl konnte man den Rabenvater jagen, mit frischen Tomaten die Rabenmutter, mit Grünfutter die eine, mit Speiseeis den anderen. Einer brauchte Mandelmilch, wovor andere Reißaus genommen haben. Aber das ist ja wohl normal.

Rabeneltern sind keine Veganer, soviel ist schon mal klar. Aber es musste auch nicht für jede Mahlzeit ein Tier sterben, noch nicht einmal für jede dritte. Etwas größer und selbständiger geworden, haben unsere Kinder auch schon mal im Selbstversuch herausgefunden, dass man auch bei einseitiger Ernährung nicht stirbt, jedenfalls nicht sofort. Eine Woche Spaghetti – oder eine Woche Chili con Carne – oder eine Woche Chili *sin* Carne, das kann man alles gut überstehen.

Butter galt über Jahrzehnte in vielen Küchen als ganz böse, gesundheitsschädliche Zutat. Nicht in unserem Haushalt - die Rabenmutter als Bäckerstochter hat diesen Irrglauben nie geteilt. Alles in Maßen, war die Devise. Und der Nachwuchs hatte zwar keine Ahnung von der Lebensmittelpyramide der Deutschen Gesellschaft für Ernährung, hat sich aber zumeist doch ausgewogen ernährt – mit einem alterstypischen zeitweiligen Überhang bei Cerealien und Brainfood. Das Schulkindergehirn als Energie-Großverbraucher muss ja bei Laune gehalten werden.

Und wie hält man es im Rabenelternhaushalt mit Softdrinks? Cola galt als Genussmittel, kam nur im Urlaub oder auf Ausflügen ins Glas – oder wenn wir

Rabeneltern Gäste erwarteten. Limonaden sind hochkonzentriertes Zuckerwasser, das kann man billiger selber mixen. Zum Durst löschen taugt einfaches Leitungswasser mit oder ohne Zitrone besser – oder ungesüßter Früchtetee. Wir waren mit dieser Philosophie nicht allein. Bei Klassenfesten und Kindergeburtstagen stellte sich bald heraus: Bionade ist ohnehin beliebter, das schlürft man auch nicht gleich literweise. Vermutlich ist es auch gesünder (hat nur halb so viel Kalorien wie Orangensaft), wenn schon nicht günstig.

Zurück zu Ronald McDonald und seinen Freunden: Wir haben unseren Kindern früh klar gemacht, worin der größte Nutzen der Fast-Food-Ketten besteht: Man bekommt überall genau das, was man bestellt. Ein standardisiertes Produkt. Die Burger, die Fritten, der Salat und die Muffins schmecken überall gleich. Insofern gibt's auch keine Überraschungen – weder positive noch negative. Das kann ganz praktisch sein, zum Beispiel auf Reisen. Aber unsere Drei haben auch rasch begriffen, dass Fast Food kein preiswertes Vergnügen ist. Auch wer im Rechnen eher schwach ist, kommt ins Grübeln, wenn er oder sie in der Schulmensa für vier Taler satt wird, ein *Happy Meal* oder ein vergleichbares Menu aber locker doppelt so viel kostet. Das muss man sich leisten können – und auch wirklich wollen!

Das Angebot der Rabenmutter war nicht auf die reine Nahrungsversorgung beschränkt. Gerade in den höheren Jahrgangsstufen war der Mittagstisch – obwohl manchmal weit in die Nachmittagsstunden hinein verschoben – zugleich Austauschbörse und Stimmungsbarometer, manchmal auch Klagemauer. Diente also auch der Seelenhygiene. Die hielten wir für nicht ganz unwichtig. Und wir fragen uns schon, wo all das eigentlich in Doppelverdiener-Familien stattfindet und bei den klassischen Schlüsselkindern, wo niemand zuhause wartet, wenn die Schule aus ist. Bestimmt gibt es auch da clevere Lösungen, das wollen wir gar nicht abstreiten. Wir haben eben den beschriebenen Weg gewählt.

Kinder in Bewegung

Dass unsere Rabenjungen allesamt Bewegungstalente sind, hat sich bereits auf dem Wickeltisch abgezeichnet. Mit den Zehen bis hinter den Kopf – kein Problem. Und wie man mittels Dehnübungen die Reichweite erhöht, auch das haben die lieben Kleinen schon früh erprobt – nicht zum Selbstzweck natürlich, sondern um an begehrte (und oft genug verbotene, von strengen Rabeneltern tabuisierte) Dinge heranzukommen.

Diesen frühkindlichen Ehrgeiz fördern und nicht etwa ausbremsen – das haben wir aus ganz eigennützigen Gründen unternommen. Die Schwerkraft überwinden und dem Trägheitsgesetz trotzen, sich selbst in Bewegung setzen und auch noch Spaß daran entwickeln, das halten viele Eltern unserer Tage zwar nicht für ein vorrangiges Erziehungsziel – wir aber schon. Und wir haben es auch nicht dem Zufall überlassen, ob und wann und wie unser Nachwuchs sich bewegen sollte – komplett, vom Kopf bis zu den Füßen, und nicht nur den überschaubaren Abschnitt des Bewegungsapparats zwischen Handwurzel und Fingerspitzen, den man zum Bedienen eines Joysticks benötigt.

Dem war die Lage des Rabennestes Nr. 1 am Ortsrand des kleinen Dorfes, in dem wir leben, ganz zuträglich. Zwei Treppen runter – zwanzig Meter durch die gepflasterte Einfahrt – einmal schräg über die (noch nicht endgültig ausgebaute) Wohnstraße, und man stand in der Wiese. Die führte sanft hangabwärts zum Bach – ideal, um auf den noch kurzen Beinchen Tempo aufzunehmen. Koordinationsübung gratis.

Die Spielplätze in Reichweite hatten zumindest einen Vorzug: dank der ortsansässigen Netz- und Seilfabrik gab es stets so etwas wie funktionelle Klettergerüste. Drunterdurch, obendrüber, sich drehen, sich winden, sich strecken oder das Gegenteil: sich zusammenkauern und ganz klein machen – Kinder kommen auf die wildesten Ideen, wenn man sie bestimmten Reizen aussetzt. Und das haben wir weidlich ausgenutzt.

Organisierte Bewegung gab's natürlich ebenfalls. Baby-Krabbeltreff im evangelischen Gemeindehaus. Mutter-Kind-Turnen beim örtlichen Turnverein (sprich: die Kleinen turnen, die anwesenden Elternteile leisten Unterstützung). Wir haben den Zwergen wahrlich nichts erspart.

Mit drei Jahren dann galt es, den Bewegungsdrang zu kanalisieren. Damit ein Dreirad auf ebener Strecke ins Rollen kommt, muss so ein Kind schon eine erhebliche Koordinationsleistung erbringen. Genau das war der Plan. Die Schiebestange haben wir gar nicht erst montiert, die kam nie zum Einsatz. Selber treten war angezeigt. Was wir da noch nicht ahnten: Jungvogel Nr. 3 liebte es rasant und sollte mit dem Dreirad in einem unbeachteten Augenblick auch mal die Kellertreppe testen. Die Pilotin hat keinen Schaden davongetragen, nur einen gehörigen Schrecken; das rollende Material hatten wir nicht für die Vitrine, sondern zum Gebrauch angeschafft, also war der verschrammte Lack kein Drama, und das verbogene Blech ließ sich mit etwas Gewalt wieder richten.

Nächste Eskalationsstufe: Gleichgewichtsübungen, Kreiselkräfte, Geschwindigkeitsrausch – mit einem echten Tretroller, der das auch verkraftet, dass man ihn so behandelt, wie es der Name verheißt. Mit luftgefüllten Rädern – allemal komfortabler und fahrstabiler als die zweirädrigen Schlaglochsuchgeräte aus Aluminium, die von 1999 an als faltbare Spaßmobile vermarktet wurden und sich am sichersten auf topfebenen Fluren in Messehallen oder Flughäfen bewegen ließen. Von Erwachsenen – nicht von bewegungshungrigen Kindern.

Letztere haben bereits früh ihre Affinität zum Medium Wasser erkennen lassen. Und selbst wenn das nicht der Fall gewesen wäre: Wir hätten sie dennoch zum **Schwimmen** geschickt. Was heißt hätten: Wir haben es getan. Erst einmal natürlich zum Schwimmen lernen. Im Nachbarort hat die DLRG den Schwimmunterricht im 25-m-Becken verabreicht – das volle Programm. Seepferdchen, Freischwimmer, Junior-Retter. Endlose Bahnen. Voll langweilig. Seltsam genug – unsere drei haben es irgendwie trotzdem genossen. Bewegen sich auch heute noch gern in dem nassen Element. Mit dem Kopf über – und manchmal auch unter Wasser. Schwimmen – Kraul, Brust, Rücken. Oder auch mal Streckentauchen. Mit und ohne Schnorchel. Wasserscheu ist wahrlich keine(r) unserer Jungvögel, bis heute nicht. Und dazu mussten wir noch nicht einmal jemanden zwingen (was wir nicht ausgeschlossen hätten – Schwimmkenntnisse halten wir für unbedingt erforderlich).

Was im Wasser dank Auftrieb federleicht ist, kann an Land durchaus auch Spaß machen. Das haben wir schamlos ausgenutzt und unsere Kinder zeitweise auch zum Turnen geschickt. Handstand, Rolle vor- und rückwärts, Rad schlagen, Handstandüberschlag, Balancierübungen, alles im Dienst der Körperbeherrschung.

Erst später haben wir dann auch mal nach persönlichen Vorlieben gefragt. Die – so stellte sich heraus – lagen durchaus unterschiedlich. Am harmlosesten war noch die Wunschdisziplin unserer Erstgeborenen: Badminton sollte es sein. Berührungsfrei, einzeln oder im Doppel. Wir hatten aber auch nichts gegen **Mannschaftssport**. Bei unserem Sohn fiel die Wahl ausgerechnet auf Handball, diese ruppige Knochenbrecher-Disziplin. Aber das konnte vor allem die Rabenmutter nicht schrecken – die hatte selbst einschlägige Erfahrungen gesammelt. Und wir sind noch nicht einmal zusammengezuckt, als sich unsere Jüngste eine martialische **Individualsportart** aussuchte: Säbelfechten. Das ist von allen drei Disziplinen des Sportfechtens ausgerechnet die, bei der es am heftigsten zur Sache geht. Wir haben uns (und nicht etwa die aufstrebende Sportlerin!) damit getröstet, dass die Verletzungsgefahr in dieser traditionsreichen Sportart üblicherweise viel geringer ist als das muntere Hallenfußballspiel nach den konzentrierten Trainingseinheiten – und zwar dank funktioneller, wenn auch extrem schweißtreibender Schutzausrüstung (Fechtmaske, Plastron im Brustbereich, Jacke und Hose aus durchstoßsicherem Gewebe). Und wer kein Blut sehen kann (soll vorkommen - zum Beispiel wenn ein Hieb der elastischen Sportsäbelklinge irgendwie um die Blechglocke herum kommt und mit einem gewissen Impuls auf dem Lederhandschuh der Waffenhand landet) oder wer bei den trotz Schutzkleidung unvermeidlichen blauen Flecken als Ergebnis der wüsten wechselseitigen Attacken Ohnmachtsanfälle bekommt, soll sich eben eine harmlosere, garantiert kontaktfreie Sportart aussuchen (Wassertreten, Hula-Hoop) – das wurde nach kürzester Zeit unsere Rabenelternüberzeugung. Wir hätten zwar selbst nichts mit den dreikantigen Sportgeräten anzufangen gewusst, haben uns aber natürlich bis ins Mark mit unserer Nachwuchssportlerin solidarisiert.

Und insgeheim unsere eigenen, unerfüllt gebliebenen Phantasien in Sachen sportliche Erfolge auf unseren Nachwuchs projiziert.

Das Handball-Abenteuer ging bis zur Auflösung der Mannschaft in der A-Jugend und hatte für uns Rabeneltern den unverhofften Nutzen, dass wir so ziemlich alle Sporthallen im Umkreis von 50 Kilometern kennengelernt haben. Da wussten wir noch nicht, dass wir für die Fechtkarriere unserer Jüngsten ungleich längere Strecken würden unter die Räder nehmen müssen. Ranglistenturniere, hessische und deutsche Meisterschaften, Lehrgänge im Olympiastützpunkt. Selten näher als zwei Autostunden, oft deutlich weiter entfernt. Man kann es auch positiv betrachten: So kommt man herum, lernt Land und Leute kennen. Als Rabenelternteil genauso wie als Jungvogel. Für Letztere fraglos eine Zumutung: Das Abitur wollte ja auch geschafft werden.

Die musischen Seiten fördern

Dass wir unsere Jungvögel von klein auf mit **Musik** konditioniert haben, das haben wir ja bereits eingestanden. Und zwar haben wir ihnen Musik verschiedenster Gattungen nah gebracht. Im Grundschulalter insbesondere Musicals. Eine Rosskur besonderer Art haben wir unserem Nachwuchs kurz nach der Jahrtausendwende verpasst: Beim "König der Löwen" in Hamburg in der ersten Reihe, mit Blick in den Orchestergraben! Das waren für Kinder schokkierende Einblicke – und hat ihnen zudem Illusionen geraubt: Der Sound kommt ja gar nicht wirklich aus den Lautsprechern! Der wird ja von leibhaftigen Menschen erzeugt - mittels Streich-, Blas-, Zupf- und Schlaginstrumenten.

Damit nicht genug: Wir haben jede und jeden unserer drei Sprösslinge selbst ein Musikinstrument lernen lassen. Und zwar eines ihrer eigenen Wahl. Auf die Gefahr hin, dass die Wunschkandidaten im weit verzweigten Reich der Instrumente so gar nicht unserem elterlichen Musikempfinden entsprochen hätten. Da gibt es ja die gruseligsten Dinge: Schalmeien(= ab Werk grässlich verstimmte Blechhupen mit Pumpventilen wie bei der Trompete), Schlagzeug (das hätte selbst die 20 cm starke Betondecke im Erdgeschoss und den klangdämpfenden Kalksandstein in den Außenmauern unserer Familienhütte zum Bröseln gebracht), die berüchtigte "Singende Säge" oder die späte Rache der Andenindianer an den europäischen Konquistadoren – die Panflöte, wie man sie alltäglich in den Fußgängerzonen der Republik erleben kann. Mit dem hartnäckigen Ohrwurm "El Cóndor pasa" – eine besonders heimtückische Foltermethode. Verglichen damit waren unsere

Kinder gnädig mit ihrer jeweiligen Wahl: Klavier, Gitarre, Saxophon.

Unvermeidliche Begleiterscheinung des Instrumentalunterrichts an der Musikschule: In regelmäßigen Abständen „dürfen" (lies: sollen!) die hoffnungsvollen Talente ihre Lernerfolge bei öffentlichen Vorspielabenden dokumentieren. Das hat schon manches Kind fürs Leben gezeichnet. Aber da kannten wir keine Gnade. Wir waren viel zu stolz auf die hörbaren Fortschritte unserer Brut, als dass wir ihnen vorbeugend das Lampenfieber und all die denkbaren bis unvermeidlichen Peinlichkeiten beim Auftritt erspart hätten.

Eines unserer Kinder haben wir gar der süßen Versuchung des Ensemblespiels ausgesetzt, haben zumindest nicht energisch verhindert, dass es dieser Versuchung erlegen ist. Haben ihm also auch nicht die Erfahrung in einem (richtig guten) Blasorchester erspart. Ein anderes hat den fatalen Ehrgeiz entwickelt, sich Stücke von *Apocalyptica* und anderen Rockbands auf der Gitarre selbst anzueignen. Und so hat unser Nachwuchs etwas erlebt, um nicht zu sagen erlitten, was vielen anderen Kindern erspart – wir würden behaupten: verwehrt! – bleibt. Denn Musik nicht nur nutzen und genießen, sondern selbst machen können, das halten wir nicht für überflüssigen Luxus, sondern das ist unserer Überzeugung nach ganz grundlegend und wesentlich für Mitglieder der modernen Gesellschaft. Wir bilden uns sogar ein, dass musisch-kulturelle Bildung wertvolle Kompetenzen weckt und entwickeln hilft. Dinge wie Taktgefühl, wie einen Sinn für Harmonien und Dissonanzen, was die Kritikfähigkeit steigert und das Vermögen, sich selbst einzuordnen, aber auch, sich abzugrenzen. Genauso wie einen Sinn für Einklang und

Vielstimmigkeit und Zusammenspiel, was die Teamfähigkeit verbessert.
Wenn das für Musik gilt, dann garantiert auch für andere musische Gattungen – so haben wir messerscharf geschlossen. Haben unsere Kinder folglich auch schon in jungen Jahren mit **bildender Kunst** konfrontiert. Und das bei durchaus unterschiedlichen Neigungen – es war uns piepegal, dass das eine Kind schon früh begeistert Dinge und Lebewesen ins Bild gesetzt hat, während sich ein anderer Jungvogel dem allem lange hartnäckig verweigert hat und nicht das geringste frühkünstlerische Talent erkennen ließ und selbst in der Handhabung von potentiellen Schreib- und Malgeräten abenteuerliche Verrenkungen machte. Das hat Künstler(in) A nicht davon abgehalten, mit Fingerfarben, Wachsmalkreide, versuchsweise auch mal mit Nutella oder Spinat auf unterschiedlichsten Untergründen zu arbeiten. Später dann mit Buntstiften, Wasserfarben, Bleistift oder Füllfederhalter, Pinsel, Wattestäbchen. Wieder ein anderes Exemplar aus unserer übersichtlichen Nachwuchsgalerie hat sich früh aufs Bleistiftzeichnen verlegt und hat regelrechte Wimmelbilder geschaffen, Wunderwelten in Graphit auf Papier. Denkbar unterschiedliche Voraussetzungen also, aber sagt das auch nur das Geringste aus über die mögliche Entwicklung von Kunstsinn in einem Kind? Das haben wir stark bezweifelt. Haben folglich unserem Nachwuchs bei jeder sich bietenden Gelegenheit der Wirkung von Kunst ausgesetzt. Und zwar jeder nur denkbaren Art von Kunst – gegenständlicher, abstrakter, naturalistischer und expressionistischer. Letzterer besonders gern.
Eine Gelegenheit dazu bot sich im Jahr 2000 in der Staatsgalerie Stuttgart: Die verfügt ja über gut

bestückte Sammlungen der Moderne, und da lernen die lieben Kleinen, dass Gesichter knallgelb oder blassgrün sein können (bei Alexej Jawlensky nämlich) und dass die Leuchtkraft von Ölfarben so ziemlich alles andere übertrifft. Dass Kunst legobunt, aber genauso trübgrau, matschig und verschwommen daherkommen kann. Dass sich Senkrechten auch schräg darstellen lassen, dass man mit Perspektiven spielen darf und mit Nägeln wunderbare Objekte schaffen kann. Dass Künstlerinnen und Künstler mit allem möglichen experimentieren können, dass das erlaubt ist und oft zu überraschenden Ergebnissen führt. (Wieviele Versuche vorher gescheitert sind und verworfen wurden, das sieht man so einer beeindruckenden und hoch gehandelten Collage aus Packpapierschnipseln und Buchstaben und Wollfäden natürlich nicht an.) Dass es zwar keine lila Kühe gibt, blaue Pferde aber schon, nämlich die von Franz Marc. Dass Kunstwerke handlich klein sein können und trotzdem beeindrucken – aber auch monströs groß, zu groß fürs Kinderzimmer. Für unsere Jüngste – damals grade 7 Jahre alt - war das eine prägende Ursprungserfahrung. Eine Tür zu einer neuen, unerforschten Welt.

Vier Jahre später haben wir den Dreien gewissermaßen ein Kunst-Vollbad verpasst (und uns selbst ebenfalls), gut getarnt als Kurzurlaub in der Hauptstadt. Anlass war der Gastauftritt von rund zweihundert Meisterwerken, die sonst im Museum of Modern Art, kurz MoMA, in New York zu sehen sind, in den Räumen der Neuen Nationalgalerie am Landwehrkanal in Berlin. Eine sensationelle Ausstellung – ganze sieben Monate lang. Wir kamen im dritten Ausstellungsmonat und hatten gehofft, dass sich der Rummel bis dahin etwas gelegt hätte. Das entpuppte sich als Irrtum. Drei Stunden mit Kindern in einer schier endlosen Warteschlange, und das bei frischen Temperaturen (immerhin war es trocken) – aber Frustrationstoleranz hatte unser Nachwuchs ja schon früh entwickeln müssen, das erwies sich nun als Glück. Endlich drin im Gebäude, behielten wir die warmen Jacken bei uns, sonst hätten wir ja an der Garderobe gleich noch einmal anstehen müssen.

Das Kunsterlebnis fing bereits beim Abstieg Richtung Ausstellungshalle im Tiefparterre an: Man hatte bis dahin noch nichts gesehen – und tauchte ohne Vorwarnung in einen monumentalen Seerosenteich von Claude Monet ein. Siebzehn Quadratmeter Farbrausch in Blau, Grün und zartrosa. Und damit ging es ja erst los. Mirós surrealistische katalanische Landschaften, Chagalls Dorfeindrücke, Picassos Musikanten, Roy Lichtensteins Pop Art, Edward Hoppers Tankstellen, Jackson Pollocks wandfüllende Klecksbilder, Minimalismus von Kenneth Noland oder von Agnes Martin – es hätte unendlich viel zu sehen und zu erfahren gegeben, aber jede und jeder von uns hat sich auf vergleichsweise wenige Kunstwerke beschränkt und hat sich denen umso intensiver ausgesetzt. Eines unserer Kinder war fast nicht loszueisen von Gerhard Richters düsterem foto-realistischem Zyklus „18. Oktober 1977". Ein anderes war tief beeindruckt von Dalís tropfenden Uhren. Das dritte verliebte sich in Van Goghs „Sternennacht".

Auf die Art und Weise haben wir unsere Sprösslinge unrettbar infiziert mit der Freude am Schönen, am Schrägen, am Sonderbaren, am Klaren, mit der Sehnsucht nach der Wahrheit in der Verfremdung, nach dem Innersten im Äußerlichen, nach dem Echten in Falschfarben. Anderer Kinder Eltern halten das für entbehrlich, überflüssig, im schlimmsten Fall

Alles falsch gemacht – Geständnisse zweier Rabeneltern

für verstörend und deshalb bedrohlich. Wir Rabeneltern ticken da anders. Wir bilden uns ein, wir hätten unseren Sprösslingen damit etwas Gutes getan.

Kreativität zulassen, anstatt sie zu dämpfen

Es ist unglaublich, welche schöpferischen Kräfte in einem fünfjährigen Zwerg stecken – und erst recht in einer zehnjährigen naseweisen jungen Diva oder einem zwölfjährigen Pre-Teen. Anstatt Kreativität zu unterstützen und dem Tatendrang Freiräume zu verschaffen, wäre es bestimmt einfacher gewesen, wir hätten stattdessen quadratisch-praktisches Einheitsdenken gefördert: Dies und das hat sich bewährt, so hat die Menschheit das schon immer gemacht – warum einen neuen Weg ausprobieren? Warum sich die Finger verbrennen oder blamieren? Und zweifelnde Fragen nach dem Muster "Warum muss das so sein, geht das nicht auch ganz anders?" hätten wir wie gar nicht so wenige andere Eltern konsequent abbügeln können. Aber genau das haben wir uns konsequent verkniffen. Das hat sich natürlich gerächt, es kann ganz schön anstrengend sein, sich auf solche Debatten einzulassen.

Manche Idee der Jugend-forscht-Fraktion hat sich auch als Schnapsidee herausgestellt, als untauglicher Versuch, die Welt besser zu machen. Da war dann wieder Trost gefragt, da waren Hilfen zur Frustkompensation angezeigt. Aber wer nicht wagt, der nicht gewinnt – und mit Kreativitätsbremsen würden die Jungvögel es im weiteren Lauf ihres Lebens noch öfter zu tun bekommen, damit mussten nicht schon die Eltern anfangen. Und was haben wir nun davon?

Eines unserer Früchtchen kann uns mittlerweile etwas zwitschern von wegen Überleben in der Wildnis, angefangen hat das alles im zarten Alter von sieben, acht Jahren mit dem Zelt- und Lagerbau in Omas Garten mithilfe alter Decken. Ein anderer unserer Jungvögel übt sich in schöpferischer Hunde-

Alles falsch gemacht – Geständnisse zweier Rabeneltern

erziehung und kann sich in die Bedürfnisse von Vierbeinern hineindenken. Und die dritte Vertreterin der nächsten Generation macht sich beruflich Gedanken über die Zukunft der Mobilität der Menschheit. Einfallslose, stumpfsinnige Lebewesen würden never ever auf derartige Ideen kommen oder zu einer solchen Haltung gelangen.

Einzelne Frühwerke unserer Brut haben sich als erstaunlich langlebig erwiesen: Window-Color-Malereien jenseits eines gewissen Alters lassen sich nur mit grober Gewalt und schwerem Gerät wieder von Glastüren oder Fenstern entfernen – ganz zu schweigen von rückstandsfreier Beseitigung. Also findet man sich besser mit ihrer Existenz ab. Andere Kreationen und Bastelarbeiten waren zu unserem Bedauern vergänglicher, aber viele haben an den unmöglichsten Lagerstätten überdauert und geraten meistens dann in unseren Gesichtskreis, wenn wir am wenigsten damit gerechnet haben. Und das sorgt dann für kurze Glücks- oder Gruselmomente, je nachdem, womit wir die Fundstücke erinnerungsmäßig in Verbindung bringen.

Urlaub – eine Nummer kleiner

Hätten Sie's gewusst? Pro Schuljahr stehen jedem Schulkind in Deutschland rund 12 Wochen Ferien zu – und das schon seit 1964! Schön, dass sich die Kultusministerkonferenz so um das Wohl der Kinder und Heranwachsenden sorgt. Nur wollen die natürlich auch in der freien Zeit beschäftigt sein. – Stichwort Beschäftigung: Das soll in früheren Zeiten mal ein Hauptmotiv der großzügigen Ferienregeln gewesen sein. Da wurden Kinder in der Landwirtschaft bei der Ernte gebraucht. Nix Erholung...

Nun betreiben wir weder Ackerbau noch Viehzucht, halten weder Hühner noch andere Nutztiere. Und so mussten wir uns allerlei einfallen lassen, wie wir den einfallsreichen Nachwuchs sinnvoll bei Laune halten, damit nicht aus lauter Langeweile irgendwelcher Unsinn und Konfliktstoff entsteht. Diese Herausforderung stellt sich allen Eltern unabhängig von der Ausstattung der Reisekasse und von den familiären Möglichkeiten.

Mit drei altersmäßig eng gestaffelten Sprösslingen erledigt sich bei einem Hauptverdiener am unteren Rand des mittleren Einkommensdrittels vieles an Urlaubsoptionen von selbst. Und so hieß die Losung zumeist: Inlandsurlaub! Jugendherberge statt Robinson-Club, Ferienwohnung statt All-Inclusive-Urlaub im Viersternehotel am Mittelmeer. Die Reiseziele waren entsprechend: Gummistiefelurlaub in Hooksiel, Wattwürmerfahndung inklusive, Bollendorf an der luxemburgischen Grenze im idyllischen Sauertal, und wo wir schon beim Stichwort sauer sind: Da gibt's ja auch noch das Sauerland (der Geheimtipp für Sonnenscheue und für Leute, die nicht aus Zucker sind und bei den garantierten Regenschauern nicht einlaufen). Und es gibt Todtmoos im Südschwarzwald und ein Gästehaus in kirchlicher Trägerschaft und ohne großartigem Bespaßungsangebot. Aber was wir bei dieser Art Feriengestaltung immer fest eingeplant haben: Wandern, ausgedehnte Spaziergänge, sowohl an der Küste als auch in den Mittelgebirgen. Mit vernünftigem Schuhwerk ausgestattet und einer Portion Neugier geimpft, oft in Gesellschaft der Cousine – unseres Patenkindes, mit dem sich die drei Jungvögel von Anfang an wunderbar verstanden haben – und in Gesellschaft der Oma, die a) als Sponsorin in Erscheinung trat und b) gut zu Fuß war und fast jedes Abenteuer mitmachte.

Oft sind wir auf gut Glück ins Abenteuerland gestartet ohne konkrete Vorstellung, wie wir die Tage am Urlaubsort füllen würden. Erstaunlich oft hat sich an Ort und Stelle etwas Spannendes ergeben. Stichwort Südschwarzwald: Da wurden zwei unserer Kids unvermittelt rekrutiert für eine Fernsehproduktion des Kinderkanals, der gerade im Nachbarort eine Folge drehte. Umso intensiver mussten (= konnten) wir uns um die verbliebene Kandidatin kümmern. Exklusivzeit im Urlaub fürs einzelne Kind, obwohl im Prinzip ja alle mit von der Partie waren.

Nun ist es nicht so, dass wir unserem Nachwuchs die Begegnung mit anderen Ländern und Kulturen konsequent erspart hätten. Gelegentlich gab es durchaus Auslandsurlaub und exotische Reiseziele:

Der Walensee in der Schweiz mit einem Kind in der Tragekraxe, die anderen zwei an der Hand bei den Ausflügen in die hoch aufragenden Berge, die den See einrahmen.

Der Süden Englands, eine Ferienanlage mit altem Herrenhaus und spartanisch ausgestatteten, ewig zugigen und klammen „Cottages" und regelmäßigem

Spinnenalarm – aber immerhin gab es dort einen Swimmingpool, wo man Kopfsprung üben konnte. Legobunte Plastikteilchen im Sand an der Ostküste unweit der Themsemündung (zwei Jahrzehnte vor David Attenboroughs Dokumentarfilmreihe *Blue Planet II* in der BBC, die die ansonsten in Umweltfragen eher phlegmatischen Briten quasi über Nacht zum kollektiven Verzicht auf Plastiktüten und -Verpackungen bekehrt hat). Selbstgesammelte Brokken von den berühmten Kreidefelsen zwischen Eastbourne und Dover als Reisemitbringsel. Linksverkehr, Schuluniformen, Brassbands in den Parks der Seebäder.

    Ein paar Jahre später konnten sich unsere Youngsters den Ärmelkanal auch von der anderen Seite aus anschauen: Urlaub auf einem Campingplatz in der Bretagne. Inklusive Disco (wer hätte gedacht, dass die Franzosen so anglophil sind?). Wenn nur die Anfahrt nicht so elend weit wäre, aber selbst die war mit Abenteuern gespickt. Dass man auf dem Pariser Autobahnring *super-périphérique* (A86) mit dem voll besetzten Familienvan plötzlich in eine Verfolgungsjagd gerät, ist ziemlich unwahrscheinlich, aber genau so etwas ist uns passiert: Von hektisch blinkenden Polizeimotorrädern im dichten Großstadtumfahrungsverkehr mit hoher Geschwindigkeit rechts und links überholt, dabei hatten wir doch auf der linken Spur stoisch regelkonforme 110 km/h eingehalten. Gesprächsstoff und Anlass für wilde Spekulationen. Aber einmal angekommen, war den Youngsters das Land und die französische Sprache schnuppe, der Strand viel interessanter.

    Irgendwann ist Familienurlaub nicht mehr die bevorzugte Option. Das haben wir durchaus eingesehen. Aber trotzdem bestimmend Einfluss genommen auf Reiseziele und -Arten: Freizeiten der SMD (Studentenmission in Deutschland) im Süden Norwegens inklusive Survival-Training, Segeltörn auf dem Ijsselmeer mit der katholischen Gemeindejugend (und mit Handyverbot).

Insgesamt haben wir rabenelterntypisch darauf spekuliert, dass unsere Jungvögel noch früh genug in anderen Zusammenhängen die große weite Welt erkunden würden, und genauso kam es dann auch: Im Schüleraustausch mal eben für drei Wochen in die Provence – in der Oberstufe mit einem preisdekorierten Schulprojekt nach Südafrika – als Student zu Exkursionen nach Rhodos und nach Schottland. Was will man, was will frau mehr? Und das waren nur die allerersten Anfänge der jeweiligen GlobetrotterInnen-Karriere.

Mit Religion konfrontiert

Anderer Kinder Eltern finden es zwar toll, wenn ihr Nachwuchs zu St. Martin Laternen bastelt. Aber den religiösen Hintergrund blenden viele dabei aus. Sofern sie selber noch einer Kirche angehören, sind viele Eltern auch der Meinung, dass evangelischer oder katholischer Religionsunterricht ihren Sprösslingen zumindest nicht schaden kann (und argumentieren oft autobiografisch: Vergleichsweise leicht erworbene Punkte fürs Abitur...). Der alternative Ethik-Unterricht ab Klasse 7 war und ist bis heute an vielen Schulen kein Selbstläufer, wird oft nur „epochal" unterrichtet – sprich: mal gibt's ihn, mal nicht. Und selbst Agnostiker gestehen ihren Kindern gerne zu, dass sie ein Bild von den kulturprägenden Glaubensgemeinschaften des Landes gewinnen. Spätestens mit Vierzehn sind die Kleinen (?) ja sowieso religionsmündig und können machen, was sie wollen.

Die am weitesten verbreitet Haltung, der wir Rabeneltern begegnet sind, lässt sich zusammenfassen in der Formel: „Wir wollen unser Kind zu nichts zwingen." Manchmal ergänzt durch den Nachsatz: „Es soll einmal selbst entscheiden." Das hätten wir so ebenfalls 1:1 unterschreiben können. Aber bevor ein Kind sich für oder gegen etwas entscheiden kann, sollte es unserer Meinung nach überhaupt erst mal eine Ahnung bekommen von dem, was da zur Debatte steht.

Wir sind zugegebenermaßen nicht neutral, was Glaubensdinge und religiöse Einstellungen betrifft. Sowohl der Rabenmutter als auch dem Rabenvater ist der christliche Glaube von klein auf nahegebracht worden durch die eigenen Eltern, Großeltern, andere Vertrauenspersonen. Wir haben beide schon erste

Erfahrungen mit dem Glauben gemacht, als wir selbst noch Kinder waren. Und wir haben beide früh begriffen: Ritus und religiöse Tradition sind eine Sache, ein persönlicher Zugang zum Glauben ist aber noch einmal etwas ganz Anderes.

Menschen haben mit uns gebetet (und bestimmt auch für uns) – irgendwann haben wir es selbst ausprobiert und gemerkt: Beten ist kein Reden gegen die Wand. Es war gut zu wissen: Da gibt es ein Gegenüber. Gott hört. Gott kümmert sich. Unsere Bilder von Gott haben sich gewandelt, sind vielfältiger, schillernder geworden. Wir haben uns mit den Inhalten auseinandergesetzt – und mit dem Rahmen, mit dem kirchlichen Überbau. Und haben entdeckt: Man kann bewusst und selbstbewusst glauben, muss nicht alles, was einem vorgesetzt wird, einfach schlucken. Muss aber auch nicht gleich alles über Bord werfen, wenn eine(n) etwas stört. Die Rabenmutter haben, als sie noch selbst Jungvogel war, andere Dinge geärgert und im Detail bestimmt auch andere Aspekte begeistert am Glauben und an ihrer Kirche als den Rabenvater. Der hat als Heranwachsender vergleichbare Erfahrungen gemacht, hat ebenfalls mit manchem gehadert, war aber zugleich von vielem angetan, von manchem regelrecht fasziniert.

Beide haben wir die Erfahrung gemacht, dass im christlichen Glauben Fragen und Zweifel erlaubt sind. Gott hält das aus. Kommt auch damit klar, wenn Menschen zeitweise auf Abstand gehen, wenn sie sich glaubensmäßig eine Auszeit nehmen oder versuchen, Dinge zunächst einmal mit sich selbst auszumachen. Beide haben wir eine Vorstellung von mündigem Christsein bekommen. Beide hatten wir darin Vorbilder. Und als wir uns zusammengetan und eine Familie gegründet haben, war uns klar: Wenn wir Kinder haben sollten, dann wollen wir das für sie ebenfalls. Wir wollen es jedenfalls ermöglichen, so weit es an uns liegt. Und als das Rabennest dann nach und nach bevölkert wurde, haben wir entsprechend gehandelt. Zunächst einmal haben wir alle unsere Kinder taufen lassen. Schon das ist durchaus nicht selbstverständlich; es hätte auch andere Optionen gegeben: Zum Beispiel die Kinder segnen lassen, aber ohne Wasser und Taufformel. Viele Eltern wählen diese Variante vor dem Hintergrund, dass sie ihre Kinder eben nicht religiös bevormunden wollen – aber das ist nun mal das Wesen von Vormundschaft, dass da jemand etwas tut oder vertritt im Namen eines oder einer anderen, der oder die das nicht selbst tun oder vertreten kann. Außerdem wollten wir die Verantwortung nicht völlig alleine schultern. Und die Säuglingstaufe hat bei allen möglichen theologischen Vorbehalten den einen unabweisbaren Vorzug: Da wird die Gemeinde von vornherein mit in Haftung genommen. Da ist es nicht mehr nur Sache der Eltern, das Kind an den christlichen Glauben heranzuführen und sich um seine ethische und charakterliche Entwicklung zu kümmern, sondern die Gemeinde ist dann eben auch gefragt und muss liefern.

Rabenelterntypisch ist: bei der Entscheidung für oder gegen die Taufe haben wir letztlich auch familiär Rücksichten genommen, sprich: wir hatten keine Lust, das Thema mit der Verwandtschaft auszudiskutieren. So strittig erschien uns die Frage dann doch nicht. Anderer Kinder Eltern entwickeln da geradezu zelotischen Kampfgeist – wir nicht. Noch anderen Eltern ist die Tauffrage völlig egal – auch das war nicht unsere Haltung.

Wir haben uns lieber darauf konzentriert, dass alle unsere Kinder von klein auf mit christlichem

Gedankengut geimpft werden. Wobei geimpft nach einem einmaligen Akt klingt, und das trifft es nicht wirklich: Wir haben sie der Dauerberieselung mit christlichen Ideen ausgesetzt. Dabei kam uns die bereits erwähnte geniale Kinderhörspielserie *Die Drei vom Ast* ganz gelegen, aber auch Geschichten aus der Kinderbibel. Was heißt *der* Bibel – wir hatten glücklicherweise Zugriff auf gleich mehrere richtig gute Kinderbibel*n*. Die eine richtig treffend und ansprechend illustriert – die andere von der Erzählweise her besonders packend und kindgerecht.

Wir hatten auch nie den Anspruch, dass wir diesen Teil des Erziehungsauftrags ganz allein hinbekommen. Verbündete gab's im Kindergottesdienstkreis der katholischen Kirchengemeinde und im örtlichen CVJM (Jungscharangebot ab dem Grundschulalter). Es war und ist uns wichtig, dass schon Kinder erleben: Sie haben Platz in der christlichen Gemeinschaft, sie stören nicht. Jesus von Nazareth hat die Kinder ja auch ausdrücklich zu sich gerufen und nicht in die Nebenräume abgeschoben, damit die gottesdienstliche Versammlung der Erwachsenen in Ruhe ihr Ding machen kann. Das war nicht überall garantiert. Wobei wir schon verstanden und unterstützt haben, dass Kinder eine andere Ansprache und ein stärker aufgelockertes Angebot brauchen als die übliche liturgische Abfolge.

Wir waren uns auch darüber im Klaren, dass nicht jede(r) Hauptamtliche in kirchlichen Diensten den Draht zu Kindern hat oder die Gabe, Kinder unterschiedlichen Alters mit hineinzunehmen in das gottesdienstliche Geschehen. So unterschiedlich die Pfarrer und Pastorinnen, Diakone, Gemeindeschwestern, Gemeindepädagogen und -Pädagoginnen die Sache angepackt haben – sie alle haben dazu beigetragen, dass unsere Jungvögel so etwas wie eine christliche Identität entwickelt haben.

Dabei hätten wir es belassen können, aber wenn die Rabenmutter Zugang zu religiöser Literatur hat und der Rabenvater selbst christliche Jugendfestivals und -Kongresse mitorganisiert, gibt's natürlich noch andere Optionen, die wir fleißig gezogen haben. Je nach Alter und Neigung unserer Sprösslinge. Für einen Zehnjährigen kann so eine Pfingstjugendkonferenz mit 800 jungen Leuten, mit Live-Musik und buntem Seminarangebot eine Offenbarung sein. Erst recht ist ein großer Jugendkongress wie das *Christival* für Teenager und Jugendliche spannend: Sich selbst als Teil einer richtig großen Menge wahrnehmen und erleben: Wir sind nicht einsame Exoten, wir sind Viele, und Christinnen und Christen gibt's in allen Erdteilen, mit ganz unterschiedlichen Traditionen, aber es eint sie der Glaube an den einen Gott, und sie orientierten sich alle an Jesus, an seinen Lehren, an seinem Vorbild. Solche Erfahrungen brauchen Heranwachsende nicht alle Tage, aber alle paar Jahre einmal ist das schon hilfreich.

Der Himmel meinte es in mehrerlei Hinsicht gut mit uns und unserer Brut: In den spannendsten Entwicklungsphasen, als Pre-Teens und Jugendliche, hatten unsere drei Kinder mit der Gemeindepädagogin Michaela M. und ihrem Schüler und Nachfolger im Amt Heiko D. gleich zwei charismatische Bezugspersonen in der Kirchengemeinde. Zwei ideenreiche, den Menschen und gerade auch den Kindern und Jugendlichen zugewandte Gläubige mit der Gabe, sich selbst und andere zu begeistern. Für den christlichen Glauben – aber auch für ganz andere, profane Dinge. Wie zum Beispiel fürs Filmemachen (!).

Eine Eigenheit in der Arbeit mit Kindern und Jugendlichen gibt's im christlichen Bereich natürlich auch: Heute sind die Jungen und Mädchen noch Adressaten der Angebote – aber schon bald finden sie sich auch auf der anderen Seite wieder, arbeiten selbst mit, werden hineingenommen in die Arbeit, können sich dafür qualifizieren und schulen lassen. Zwei unserer Kinder haben die Chance genutzt und haben in der katholischen Jugend die „Jugendleitercard" erworben – die *JuLeiCa* (damals noch nicht durchgegendert). Die dritte hat sich entsprechende Kenntnisse in der Trainerausbildung im Sport angeeignet, hatte aber natürlich auch die Materialien der älteren Geschwister zur Verfügung.

Nicht dass das alles zwangsläufig auch innerlich prägt – aber es formt zumindest den Charakter und macht entscheidungsfähig. Das war ja der Plan, das war unsere rabenelterliche Hoffnung, und das bereuen wir nicht. Sollte eines oder sollten gar mehrere unserer Kinder irgendwann mit dem Glauben abschließen oder sich weltanschaulich völlig anders orientieren – wir müssten es und wir würden es respektieren. Das ist der Preis, den Raben- und andere Eltern für etwas zahlen, was sich garantiert nicht nur, aber auch auf die religiöse Einstellung des Nachwuchses auswirken kann – nämlich wenn sie die Kinder zu selbständigem Denken ermutigen.

Zu selbständigem Denken ermutigt

So etwas ist extrem gefährlich. Wer seine Kinder immer, auch noch im fortgeschrittenen Alter, steuern und unter Kontrolle halten will, darf so etwas auf gar keinen Fall machen. Sollte sich das also unbedingt verkneifen. Andernfalls könnten die Sprösslinge ihn oder sie irgendwann einmal rechts oder links überholen, könnten Wege einschlagen, auf die die Eltern von sich aus nie im Leben gekommen wären.

Aber das würde Rabeneltern, wie wir es sind, natürlich auch einschränken. Irgendwann wollten wir das gute Gefühl haben, dass unser Nachwuchs auch ohne ständige Intervention unsererseits im Leben klarkommt. Damit hängt die allerletzte Zumutung zusammen, die wir in diesem Zusammenhang erwähnen müssen.

Wir haben sie ziehen lassen!

Von wegen Hotel Mama. Wir mussten unsere Jungvögel nicht aus dem Nest werfen – sie wollten von ganz alleine fort. Alle drei hat es unmittelbar nach dem Schulabschluss hinaus gezogen in die große weite Welt. Alle drei haben erst einmal ein paar hundert Kilometer zwischen sich und die Basisstation gebracht. Das hat uns freilich nicht von der Verpflichtung entbunden, uns zunächst einmal weiter finanziell zu engagieren – Studieren ist ein teures Vergnügen. Aber wenigstens mussten wir nicht drängen, nicht ziehen, nicht Druck ausüben, damit unsere drei Hoffnungsträger/innen aus dem Knick kommen. Sie haben sich die jeweilige Richtung selbst ausgesucht und sie dann auch konsequent verfolgt.

Es gab und gibt immer noch genug mitzuleiden und mitzuerwägen. Wir nehmen es als gutes Zeichen, dass wir gelegentlich noch um Rat gefragt werden – und dass alle drei zwischendurch ganz gern mal wieder heimkommen. Nicht zu oft, das wäre uns dann auch nicht recht, denn irgendwann soll das Rabenelterndasein in die passive Phase münden. Keine Pflichten mehr gegenüber der nächsten Generation – mehr Freiraum für sich selbst, Kraft sammeln für eine immerhin mögliche, um nicht zu sagen drohende nächste Phase: Die des Raben*groß*elterndaseins.

Wir bereuen nichts!

Auch wenn es offensichtlich ist, dass wir in Sachen Kindererziehung, -Betreuung, -Förderung so ziemlich alles und noch viel mehr falsch gemacht haben: Schlafen wir deshalb schlechter? Mitnichten. Schlägt uns das Gewissen? Nein. Wir bereuen nichts. Wir könnten versuchen, uns herauszureden mit dem Verweis auf wirtschaftliche Zwänge oder auf unsere begrenzten Rabenhirne (wobei die angeblich viel leistungsfähiger als Spatzenhirne sind – wenigstens das), aber das fällt uns überhaupt nicht ein.

Wir fühlen uns prächtig bei all dem, was wir unserem Nachwuchs vorenthalten, verweigert und zugemutet haben. Wir stellen es jedenfalls nicht pausenlos in Frage. Insofern sind wir unbelehrbar.

Niemand muss uns nacheifern. Niemand sollte sich uns zum Vorbild nehmen, der oder die das nicht wirklich will. Wenn doch: Wir verlangen keine Lizenzgebühren. Wir reklamieren noch nicht einmal die Rechte an unseren nun wahrlich nicht nachahmenswerten Vorgehensweisen.

Wofür wir überhaupt kein Talent haben: Uns fällt nichts ein, was wir richtig gut machen. Worauf wir uns richtig gut verstehen. Deshalb wird es garantiert auch keinen Nachfolgeband geben unter dem Titel *Alles richtig gemacht.* Trotzdem: Man sollte mit komischen Vögeln wie uns immer rechnen, denn das – komische Vögel – sind wir aus Überzeugung.

Weitere Bücher und Schriften von Markus Baum:

Jochen Klepper,
Neufeld Verlag Schwarzenfeld 2011,
ISBN 978-3-86256-014-1

Eberhard Arnold – ein Leben im Geist der Bergpredigt,
Neufeld Verlag Schwarzenfeld 2013,
ISBN 978-3-86256-035-6

XUND – Heil und Heilung aus christlicher Sicht,
TWENTYSIX 2018,
ISBN 978-3-740-73556-2

Klick! 99 Denkanstöße aus dem Buch der Bücher
TWENTYSIX 2022,
ISBN 978-3-7568-1625-5

Alle Titel erhältlich im Druck und als E-Book